わからないをわかるにかえる付録
みるみるわかるカード

中学地理

地球の海と陸地

海の方が広いんだぜ

面積の比は？

1

太平洋, 大西洋, インド洋

たいへいよう　たいせいよう

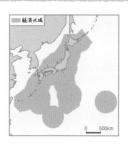

これらをまとめてなんという？

2

排他的経済水域

はいたてき　けいざいすいいき

何海里以内？

なんかいりいない

3

東経135度

とうけい

本初子午線よりも9時間早く日付がかわる。

この経線を何という？

7地方区分

ちほうくぶん

それぞれの地方の名前は？

5

熱帯

ねったい

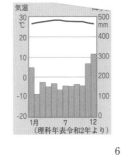

気温　降水量

（理科年表令和2年より）

どのような気候？

6

乾燥帯

かんそうたい

気温　降水量

（理科年表令和2年より）

どのような気候？

7

モンゴルのゲル

どのような生活に適している？

8

帽子とポンチョ

ぼうし

どのような所での服装？

ふくそう

9

7 : 3

この比率は地球の何
の面積比を表す？

→本冊❶

●ミシン目で切り取り，穴にリングなどを通
　して使いましょう。
●カードの表面が重要語句，裏面がその説明
　や関連することがらになっています。それ
　ぞれが，左下の答えになります。

沿岸から200海里以内

この海域を何という？

→本冊❸

三大洋

それぞれの名前は？

→本冊❷

北海道地方，東北地方，関東地方，中部地
方，近畿地方，中国・四国地方，九州地方

日本の地方区分は全
部でいくつ？

→本冊❺

日本の標準時子午線

東経または西経何度？

→本冊❹

年間を通して降水量が少ない

この気候を何という？

→本冊❻

年間を通して気温が高い

この気候を何という？

→本冊❻

標高が高い土地

アンデス山脈の高地
の服装は？

→本冊❽

遊牧

モンゴルの遊牧民の
住居は？

→本冊❼

仏教,
キリスト教,
イスラム教

これらの宗教の教典は？

10

一人っ子政策(せいさく)

どのような政策？

11

ASEAN(アセアン)

正式な名称(めいしょう)は？

12

北大西洋海流(きたたいせいようかいりゅう),
偏西風(へんせいふう)

気候(きこう)への影響(えいきょう)は？

13

ユーロ

どのような通貨(つうか)？

14

モノカルチャー
経済

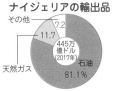

ナイジェリアの輸出品
その他
7.2
11.7
445万
億ドル
(2017年)
天然ガス
石油
81.1%

どのような経済？

15

ヒスパニック

どのような人々？

16

シリコン
バレー

シリコンバレー

どのようなところ？

17

アマゾン川

どのような河川(かせん)？

18

アボリジニ

どのような人々？

19

中国で人口増加を抑えるために
2016年まで行われた政策

これを何という？

→本冊10

「経」，「聖書」，「コーラン」

何の宗教の教典？

→本冊9

ヨーロッパの，高緯度なのに温
暖な気候

この気候に影響を与
える2つのものは？

→本冊12

東南アジア諸国連合

アルファベットで略
すと？

→本冊11

輸出品が特定の品目にかたよっ
た経済

これを何という？

→本冊14

EUの共通通貨

この通貨の名前は？

→本冊13

アメリカ合衆国の情報通信技術
産業の先進地

この地域を何という？

→本冊16

スペイン語圏からアメリカに移
り住んだ人々

これを何という？

→本冊15

オーストラリアの先住民

これを何という？

→本冊18

ブラジルを流れる世界最大の流
域面積を持つ河川

これを何という？

→本冊17

かんたいへいよう
環太平洋
ぞうざんたい
造山帯

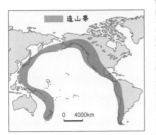

どのような造山帯？

20

せんじょうち
扇状地

どのような地形？

21

にほんかい
日本海側の
きこう
気候

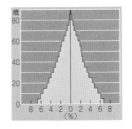
(理科年表令和2年より)

どんな特徴の気候？

22

じ しん
地 震

えんがんぶ　　　　　　　　　ひがい
沿岸部で大きな被害をもたらすものは？

23

ふ じ さんがた
富士山型

ちいき
どのような地域の人口ピラミッド？

24

か りょくはつでん
火力発電

どのような発電？

25

そくせいさいばい
促成栽培

温暖な気候で
冬にピーマン
きゅうり
促成

どこで行われる農業？

26

きんこうのうぎょう
近郊農業

すぐに
店頭に
とれたて
ほうれんそう

どこで行われる農業？

27

ちゅうきょうこうぎょうちたい
中京工業地帯

四日市　名古屋
豊田

出荷額は日本で何位？

28

さんぎょう　　　　くうどうか
産業の空洞化

雇用や技術は海外へ
失業
閉鎖

なぜ起こった？

29

川が山地から出たところにでき
る扇形（おうぎがた）の地形

この地形を何という？

→本冊⑳

日本が属（ぞく）する，太平洋（たいへいよう）をかこむ
ような造山帯（ぞうざんたい）

これを何という？

→本冊⑲

津波（つなみ）

津波を起こす自然災（しぜんさい）
害（がい）は？

→本冊㉒

冬に降水量（こうすいりょう）（雪）が多い。

日本のこの気候（きこう）を何
という？

→本冊㉑

石油や天然（てんねん）ガスを燃やして発電
する

この発電を何という？

→本冊㉔

発展途上国（はってんとじょうこく）

発展途上国の人口ピ
ラミッドは？

→本冊㉓

大都市周辺（だいとししゅうへん）

ここから新鮮（しんせん）な野菜
を出荷する農業は？

→本冊㉕

温暖（おんだん）な宮崎平野（みやざきへいや）や高知平野（こうち）

ここで行われている
野菜栽培（やさいさいばい）は？

→本冊㉕

日本企業（にほんきぎょう）が工場を海外に移転

どのような問題が起
こった？

→本冊㉖

日本最大の工業地帯（こうぎょうちたい）
（出荷額（しゅっかがく）第1位）

この工業地帯は？

→本冊㉖

成田国際空港
なりた こくさいくうこう

貿易港としての特色は？
ぼうえきこう

30

九州地方
きゅうしゅう

含まれる県は？
ふく

31

中国地方
ちゅうごく

含まれる県は？
ふく

32

四国地方
しこく

含まれる県は？
ふく

33

近畿地方
きんき

含まれる府県は？
ふく ふ

34

中部地方
ちゅうぶ

含まれる県は？
ふく

35

関東地方
かんとう

含まれる都県は？
ふく と

36

東北地方
とうほく

含まれる県は？
ふく

37

アイヌの人々

ヤムワッカナイ
（冷たい飲み水の川）

サッポロペッ
（乾いた大きな川）

どのような人々？

38

地図記号

東京国立博物館
の入り口 →①

本 → ②

お年よりの杖 → ③

それぞれ何を表す？

39

福岡県，佐賀県，長崎県，熊本県，大分県，宮崎県，鹿児島県，沖縄県

これらの県が含まれる地方は？

→本冊 28

日本最大の貿易港

この貿易港はどこ？

→本冊 27

徳島県，香川県，愛媛県，高知県

これらの県が含まれる地方は？

→本冊 30

鳥取県，島根県，岡山県，広島県，山口県

これらの県が含まれる地方は？

→本冊 30

新潟県，富山県，石川県，福井県，山梨県，長野県，岐阜県，静岡県，愛知県

これらの県が含まれる地方は？

→本冊 34

三重県，滋賀県，京都府，大阪府，兵庫県，奈良県，和歌山県

これらの府県が含まれる地方は？

→本冊 32

青森県，岩手県，宮城県，秋田県，山形県，福島県

これらの県が含まれる地方は？

→本冊 38

茨城県，栃木県，群馬県，埼玉県，千葉県，東京都，神奈川県

これらの都県が含まれる地方は？

→本冊 36

①博物館・美術館　②図書館
③老人ホーム

それぞれの地図記号は？

→本冊 41

北海道の先住民

これらの人々を何という？

→本冊 40

わからないを
わかるにかえる
中学地理

文 理

もくじ contents

4 日本のさまざまな地域

イラスト：artbox，キットデザイン
写真提供：アフロ，岩本圭介，神戸市，小松啓二，上甲信男，上西重行，西垣良次，高橋よしてる，田上明，
つのだよしお，東阪航空サービス，中村久男，奴賀義治，深澤武，毎日新聞社，箕輪正，読売新聞，
ロイター，Abaca，AGE FOTOSTOCK，AP，Asia Images，Blickwinkel，Bridgeman Images，
HEMIS，John Warburton-Lee，Jose Fuste Raga，KENJI GOSHIMA，NASA/ロイター，ONLY
FRANCE，picture alliance（順不同，敬称略）

この本の特色と使い方

1単元は，2ページ構成です。

左ページの解説を読んで，右ページの問題にチャレンジしよう！

この単元で理解
しておきたい
ポイントの解説

まずはここを
覚えよう！

ポイントを
ていねいに
解説！

覚えたい3つのことば

この単元の**重要用語**

練習問題

学習したことを
問題形式で
確認！

学習したことを整理で
きる！

地理のひとこと

ちょっとトクする
まとめ

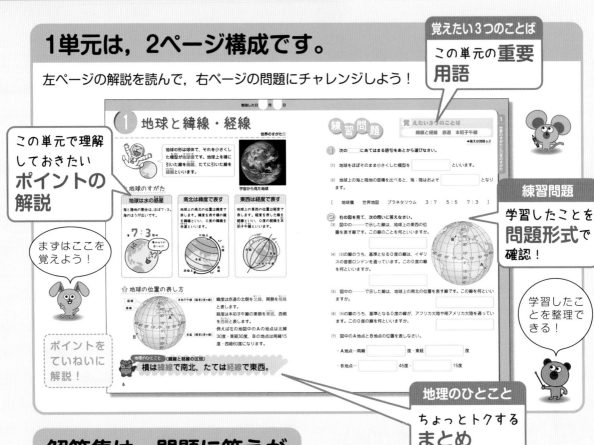

解答集は，問題に答えが入っています。

問題を解いたら，答え合わせをしよう！

解答集はとり
はずして使え
るよ！

答え

解説

答えが入っ
ていて見や
すいね！

● 単元のまとまりごとに，
まとめのテスト があります。
テスト形式になっているよ。学習したこ
とが定着したかチェックしよう！

● 章の最後には，**特集** のページが
あります。
重要用語をもう一度確認できるよ。
しっかり書いてみよう！

付録カードで，みるみるわかる！

ちょっとした時間
にも確認できる！

世界のすがたと
日本のすがた

1

地理三択クイズ

①地球上の海と陸地，面積が大きいのはどっち？

A　海
B　陸地
C　同じくらい

②右の地図で何がわかる？

A　海の面積
B　陸地の形
C　中心からの距離

③日本とイギリスの時差はどれくらい？

イギリスは今何時？

A　6時間
B　9時間
C　12時間

➡答えは4ページに

1 地球と緯線・経線

世界のすがた①

地球の形は球体で，それを小さくした模型が地球儀です。地球上を横に引いた線を緯線，たてに引いた線を経線といいます。

宇宙から見た地球

🌐 地球のすがた

地球は水の惑星

海と陸地の割合は，ほぼ7：3。海のほうが広いです。

海 **7：3** 陸地

海のほうが広いんだ

南北は緯度で表す

地球上の南北の位置は緯度で表します。緯度を表す横の線を緯線といい，0度の緯線を赤道といいます。

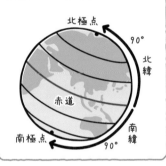

北極点
90°
北緯
赤道
南緯
南極点
90°

東西は経度で表す

地球上の東西の位置は経度で表します。経度を表した線を経線といい，0度の経線を本初子午線といいます。

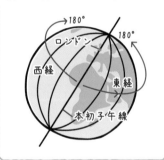

→180°
ロンドン
180°
西経
東経
本初子午線

🌐 地球の位置の表し方

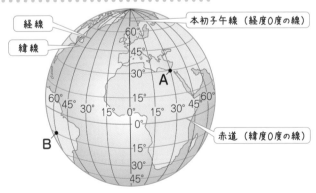

経線
緯線
本初子午線（経度0度の線）
60°
45°
30°
A
15°
60° 45° 30° 15° 0° 15° 30° 45° 60°
B
0°
15°
30°
45°
赤道（緯度0度の線）

緯度は赤道の北側を北緯，南側を南緯と表します。

経度は本初子午線の東側を東経，西側を西経と表します。

例えば左の地図中のAの地点は北緯30度・東経30度，Bの地点は南緯15度・西経60度になります。

地理のひとこと（緯線と経線の区別）

横は緯線で南北，たては経線で東西。

覚 えたい3つのことば

緯線と経線　赤道　本初子午線

➡答えは別冊 p.2

1 次の□□□にあてはまる語句をあとから選びなさい。

(1) 地球をほぼそのまま小さくした模型を [　　　　　　] といいます。

(2) 地球上の海と陸地の面積を比べると，海：陸はおよそ [　　　　　　] となります。

[　地球儀　　世界地図　　プラネタリウム　　3：7　　5：5　　7：3　]

2 右の図を見て，次の問いに答えなさい。

(3) 図中の───で示した線は，地球上の東西の位置を表す線です。この線のことを何といいますか。

[　　　　　　]

(4) (3)の線のうち，基準となる0度の線は，イギリスの首都ロンドンを通っています。この0度の線を何といいますか。

[　　　　　　]

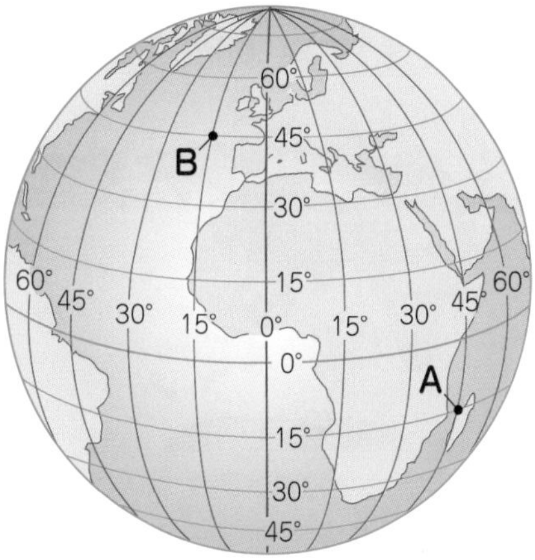

(5) 図中の───で示した線は，地球上の南北の位置を表す線です。この線を何といいますか。

[　　　　　　]

(6) (5)の線のうち，基準となる0度の線が，アフリカ大陸や南アメリカ大陸を通っています。この0度の線を何といいますか。

[　　　　　　]

(7) 図中のA地点とB地点の位置を表しなさい。

・A地点…南緯 [　　　] 度・東経 [　　　] 度

・B地点… [　　　] 45度・ [　　　] 15度

② 大洋・大陸と世界地図

世界のすがた②

世界には3つの大洋と6つの大陸が
あります。大洋や大陸は世界地図で
一度に見ることができ、さまざまな
特色をもつ世界地図があります。

18世紀の世界地図

🔒 3大洋・6大陸と世界地図

3大洋と6大陸

3つの大洋は、太平洋、大西洋、インド洋。
6つの大陸は、ユーラシア大陸、アフリカ大
陸、北アメリカ大陸、南アメリカ大陸、オー
ストラリア大陸、南極大陸です。

世界地図

球体の地球を平面にえがいた世界地図は、面
積・方位・距離などを一度に正しく表すこと
はできません。

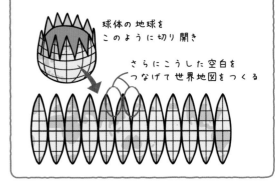

球体の地球を
このように切り開き

さらにこうした空白を
つなげて世界地図をつくる

🔒 正しい方位や距離を知るには？

この地図だと東に見えるけど…

実は北東！

東京からの正しい方位や距離は、右のような地図で
わかります。上の地図では、ロサンゼルスは東京の
東にあたるように見えますが、実は北東にあります。

地理のひとこと （ユーラシア大陸の語源）

ヨーロッパ（ユーロ）＋アジア＝ユーラシア。

覚 えたい3つのことば

3大洋　6大陸　世界地図

➡答えは別冊 p.2

1 次の□□にあてはまる語句をあとから選びなさい。

(1) 地球上には，大洋とよばれる大きな海が，全部で［　　　　　　］つあります。

(2) 地球上には，大陸とよばれる大きな陸地が,全部で［　　　　　　］つあります。

(3) ［　　　　　　］は，地球の全体を1枚の平面にえがいていますが，距離，面積，

方位などを一度で正確に表すことはできません。

[　　3　　6　　9　　地球儀　　世界地図　　地形図　　]

2 右の地図を見て，次の問いに答えなさい。

地図1

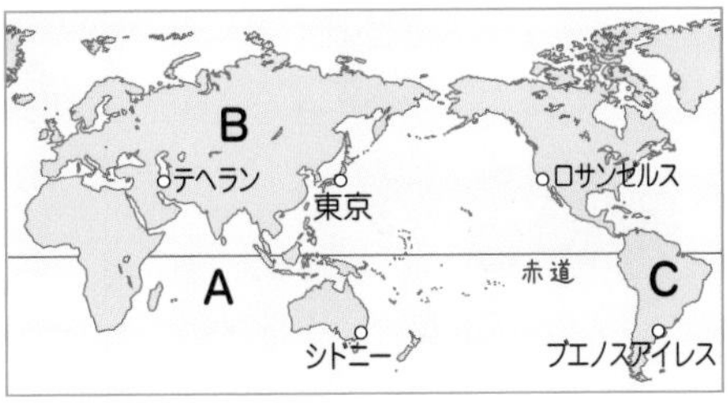

(4) 地図1中のAの大洋名を，次から選びなさい。

［　　　　　　　　　　　］

[　　太平洋　　大西洋　　インド洋　　]

(5) 地図1中の
　　BとCの大陸
　　名を，次から
　　選びなさい。

B ［　　　　　　　　　　　］

C ［　　　　　　　　　　　］

地図2

[　　アフリカ大陸　　　ユーラシア大陸
　　北アメリカ大陸　　　南アメリカ大陸　　]

(6) 地図1・2に示したテヘラン，シドニー，ブ
エノスアイレス，ロサンゼルスのうち，東京の
ほぼ東に位置するものを1つ選びなさい。

［　　　　　　　　　　　］

③ 日本の位置と領域

日本のすがた①

日本は，北緯20〜50度，東経120〜155度の範囲に収まります。島国の日本は，広い排他的経済水域を持ちます。

護岸工事された沖ノ鳥島

❶ 日本の位置と領域

日本の位置

日本はユーラシア大陸の東にあり，秋田県を通る北緯40度線，兵庫県明石市を通る東経135度線を基準にできます。

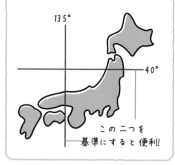

日本の領域

国の領域は，領土・領海・領空からなります。領海は沿岸から12海里，領空は領土と領海の上空です。

日本の排他的経済水域

日本の排他的経済水域は，沿岸から領海をのぞく200海里までです。島国で離島も多いので広い排他的経済水域を持ちます。

❷ 日本の東西南北のはし

北端は択捉島，東端は南鳥島，南端は沖ノ鳥島，西端は与那国島です。

さんご礁からできている沖ノ鳥島を，波の侵食から守るため，護岸工事が行われました。

択捉島を含む北方領土はロシアに不法占拠されています。南鳥島と沖ノ鳥島は，東京都に属します。

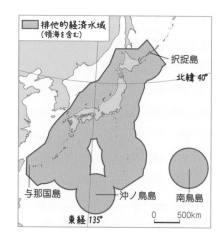

地理のひとこと（日本の海の領域）

資源を利用できる排他的経済水域が広い。

覚 えたい3つのことば

| 領海 | 排他的経済水域 | 200海里 |

➡答えは別冊 p.2

1 次の □ にあてはまる語句をあとから選びなさい。

(1) 日本のおよその位置は，兵庫県を通る [   ] 135度の経線を基準に することができます。

(2) 日本の領域のうち，日本の主権がおよぶ海域を日本の [   ] といい ます。

(3) 日本の排他的経済水域は，沿岸から領海をのぞく [   ] までの範囲 です。

[東経   西経   領空   領海   12海里   200海里]

2 右の地図を見て，次の問いに答えなさい。

(4) 地図中の**A**で示された範囲の海では，日本が魚や 海底にある資源などを管理する権利をもっています。 この範囲を何といいますか。

[   ]

(5) 地図中の**B**は，東北地方の岩手県と秋田県を通る 緯線です。この緯線が示す緯度を，次から選びなさい。

[   ]

[北緯30度   北緯40度   北緯50度]

(6) 地図中の**C**と**D**にあてはまる島の名前を，次からそれぞれ選びなさい。

[択捉島   南鳥島   沖ノ鳥島   与那国島]

C [   ]

D [   ]

④ 時差の出し方

日本がお昼の12時のとき，地球の反対側では夜中の0時です。地球は**24時間で1回転**するので，このような時間の差（時差）が生まれます。

明石市立天文科学館の時計塔

❶ 経度と時差

時差は経度15度につき1時間

地球は1日24時間で360度回転します（自転）。1時間あたりの回転は，360÷24＝15度。つまり経度15度につき1時間の時差が生まれます。

1時間に15度まわる

日本の標準時子午線

多くの国では15度単位の経線を時刻の基準を決める標準時子午線としています。日本の標準時子午線は，兵庫県明石市を通る東経135度線です。

東経135°

本初子午線よりも9時間早く日付が変わる。

日付変更線

本初子午線の反対側の180度の経線に沿って，日付変更線が引かれています。日付変更線の西側に近い日本は，比較的早く日付が変わる国です。

1月1日　12月31日

日付変更線

近いけど1日分時差がある。

❷ 時差の計算（日本が11月15日午前9時のとき）

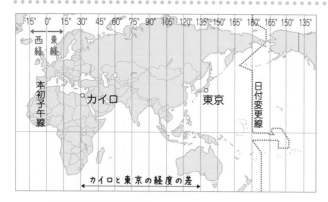

カイロと東京の経度の差

日本の標準時子午線は東経135度，カイロのあるエジプトは東経30度です。経度差は，135−30＝105度。これを15で割った，105÷15＝7時間が時差になります。

東京のほうがカイロよりも東側にあり時刻が早いため，カイロの時刻は11月15日午前2時になります。

地理のひとこと （時差の求め方）

時差は，経度差÷15で求める。

覚 えたい3つのことば

標準時子午線　日付変更線　東経135度

➡答えは別冊 p.2

1 次の□□□にあてはまる語句をあとから選びなさい。

(1)　時差は，経度 □□□ 度ごとに1時間生じます。

(2)　その国が時刻を決める基準にしている経線を，その国の □□□ といいます。

(3)　日本の(2)は，兵庫県明石市を通る □□□ の経線です。

[　15　　30　　標準時子午線　　日付変更線　　東経30度　　東経135度　]

2 右の地図を見て，次の問いに答えなさい。

(4)　地図中の**A**は，日付の始まり と終わりの基準となる線です。 これを何といいますか。

□□□

165° 150° 135° 120° 105° 90° 75° 60° 45° 30° 15° 0° 15° 30° 45° 60° 75° 90° 105° 120° 135° 150° 165° 180° 165° 150°

A　　　B　　　A

日本とB国の時差

(5)　地図中の**B**の国の標準時子午線は何度ですか。東経・西経の区別も含めて答えなさい。

□□□

(6)　日本と**B**国の時差を求めます。次の□□□にあてはまる数字や時刻を答えなさい。

・日本とB国の標準時子午線の経度差は，135度－45度＝90度

・90度の経度差で生じる時差は，90÷□□□＝6時間

・日本が1月1日午前9時のとき，B国の時刻は，□□□

5 地方区分と都道府県

日本のすがた③

都道府県は47あり，また日本は大きく７つの地方区分に分けられます。都道府県名は地方区分ごとに整理すると覚えやすくなります。

昔の国名がついた駅名

1 地方区分と都道府県

47都道府県

日本は１都，１道，２府，43県の47都道府県からなります。都は東京都。府は重要な地域という意味で大阪府，京都府。道は北海道です。

都+道+府+県＝47

地方区分の例

気候や生活文化のちがいなどから分ける地方区分もあります。例えば中部地方は，北陸，中央高地，東海の３つの地域に区分することがあります。

北陸
中央高地
東海
パカッ

今にも残る昔の国名

県境の多くには，飛鳥時代の律令で定められた国境を元にしたものもあります。これらの昔の国名は，現在にもさまざまな形で残っています。

さつまいも
薩摩→鹿児島県

さぬきうどん
讃岐→香川県

2 日本の７地方区分をおさえよう

北海道地方
東北地方
中部地方
九州地方
関東地方
近畿地方
中国・四国地方

日本の地方区分は，南西から北東にむかって，九州地方，中国・四国地方，近畿地方，中部地方，関東地方，東北地方，北海道地方の７つに区分されます。

中国・四国地方を，山陰・瀬戸内・南四国に分けることもあるよ。

地理のひとこと （都道府県と地方区分の数）

都道府県は47，主な地方区分は7。

覚 えたい3つのことば

47都道府県　7地方区分　東海

➡答えは別冊 p.3

1 次の▢▢▢にあてはまる語句をあとから選びなさい。

(1) 日本の都道府県の数は，全部合わせると▢▢▢▢▢▢です。

(2) 7地方区分とは，九州地方，▢▢▢▢▢▢地方，近畿地方，中部地方，関東地方，東北地方，北海道地方です。

(3) ▢▢▢▢▢▢地方は，さらに北陸・中央高地・東海に区分されることがあります。

[　43　　47　　瀬戸内　　中国・四国　　中部　　東北　]

2 右の地図を見て，次の問いに答えなさい。

(4) 地図中のA・Bの地方名をそれぞれ答えなさい。

A ▢▢▢▢▢▢

B ▢▢▢▢▢▢

(5) 日本の47都道府県のうち，府は京都府と大阪府の2つで，これらは同じ地方に属しています。その地方名を地図中から1つ選びなさい。

▢▢▢▢▢▢

(6) 地図中の香川県は，その昔の国名が名前についたうどんが名産品として有名です。香川県の昔の国名を，次から1つ選びなさい。

[　薩摩（さつま）　　武蔵（むさし）　　土佐（とさ）　　讃岐（さぬき）　]

▢▢▢▢▢▢

まとめのテスト

➡答えは別冊 p.3

1 次の図や地図を見て，あとの問いに答えなさい。　　5点×10(50点)

図

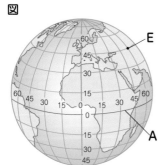

地図1

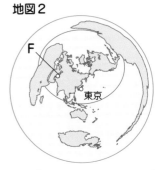

地図2

(1) 図中の**A**の緯線(いせん)の名前を答えなさい。　　　　　　　（　　　　　）

(2) **地図1**中の**B**の大洋名，**C**・**D**の大陸名をそれぞれ答えなさい。

　　　　B（　　　　　　）　　**C**（　　　　　　　　　）　　**D**（　　　　　　　　）

(3) **図**や**地図**にあるように，地球は3つの大洋と6つの大陸からなりますが，海洋と陸
地の面積を比較(ひかく)したとき，面積比はどのようになりますか。正しいものを次から1つ
選びなさい。　　　　　　　　　　　　　　　　　　　　　　　　（　　　　　）

　　ア　5：5でほぼ同じ　　　**イ**　7：3で海洋が広い　　　**ウ**　6：4で陸地が広い

(4) **図**中の**E**の点を緯度(いど)と経度(けいど)を使って表すとき正しいものを，次から1つ選びなさい。
　　　　　　　　　　　　　　　　　　　　　　　　　　　　　　（　　　　　）

　　ア　北緯(ほくい)45度・西経(せいけい)60度　　**イ**　北緯45度・東経(とうけい)60度　　**ウ**　南緯(なんい)45度・西経60度

(5) **地図1**と**地図2**を見て，東京から見た**F**の都市の方位として正しいものを，次から
1つ選びなさい。　　　　　　　　　　　　　　　　　　　　　　（　　　　　）

　　ア　西　　**イ**　北西　　**ウ**　南西　　**エ**　東

(6) **図**はある方向から見た地球をえがいたものです。これを見て次の問いに答えなさい。

　① 球体の地球を，そのまま小さくした模型を何といいますか。

　　　　　　　　　　　　　　　　　　　　　　　　　　　　　　（　　　　　）

　② ①の模型はどのような欠点がありますか。**図**を見て正しいものを次から1つ選び
なさい。　　　　　　　　　　　　　　　　　　　　　　　　　　（　　　　　）

　　ア　地球上のすべての地域を同時に見ることができない。

　　イ　方位を正しく表すことができない。　　　**ウ**　面積を正しく表すことができない。

(7) **地図2**が正しく表しているものを，次から1つ選びなさい。　　（　　　　　）

　　ア　面積　　**イ**　大陸の形　　**ウ**　東京からの方位　　**エ**　角度

2 右の地図を見て，次の問いに答えなさい。

5点×4（20点）

(1) 地図中の**A**は，東経135度線で，日本の標準時子午線になっています。この経線が通る都市を，次から1つ選びなさい。　（　　　　）

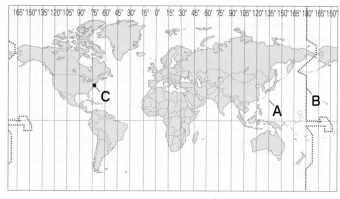

ア　秋田県秋田市
イ　兵庫県明石市
ウ　岡山県倉敷市

(2) 日付の基準となる**B**の線を何といいますか。　（　　　　　　　　）

(3) **C**の都市は西経75度の経線が標準時子午線です。日本の標準時子午線との経度差とそれを求める式として正しいものを次から1つ選びなさい。　（　　　　）

ア　$135 - 75 = 60$度　　イ　$135 + 75 = 210$度　　ウ　$135 + (180 - 75) = 240$度

(4) 日本が1月1日午前9時のときの**C**の都市の日付と時刻を，午前または午後も含めて答えなさい。　（　　　　　　　　）

3 右の地図を見て，次の問いに答えなさい。

5点×6（30点）

(1) 地図1中の**A**は日本の領海と排他的経済水域を合わせた範囲です。排他的経済水域は沿岸から領海をのぞく何海里までの範囲ですか。　（　　　　　　）

地図1

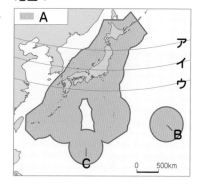

(2) 地図1中の**B・C**は，それぞれ日本の東端と南端の島です。これらの島名の組み合わせとして正しいものを，次から1つ選びなさい。　（　　　　）

ア　**B**択捉島　**C**沖ノ鳥島
イ　**B**南鳥島　**C**沖ノ鳥島
ウ　**B**択捉島　**C**南鳥島
エ　**B**沖ノ鳥島　**C**南鳥島

(3) 北緯40度線として正しいものを，地図1中の**ア〜ウ**から1つ選びなさい。　（　　　　　　）

(4) 地図2中の**D**と**E**の地方区分をそれぞれ答えなさい。

D（　　　　　　）　E（　　　　　　）

地図2

(5) 地図2中に表した地方区分のうち，さらに北陸・中央高地・東海に分けることができるものを1つ選びなさい。　（　　　　　　）

特集 重要語句を書こう

★なぞってから右のわくに書いてみよう。

地球をそのまま小さくした模型。

・地球儀　　　地球儀

世界で最大の海洋。

・太平洋　　　太平洋

地図や地球儀上に引かれた横の線。

・緯線　　　緯線

地図や地球儀上に引かれたたての線。

・経線　　　経線

ロンドンを通る0度の経線。

・本初子午線　　本初子午線

その地域の時刻の基準になる線。

・標準時子午線　標準時子午線

1日の始まりと終わりの基準になる線。

・日付変更線　　日付変更線

沿岸から領海をのぞく200海里。

・排他的　　　排他的
　経済水域　　経済水域

その国の範囲の土地。

・領土　　　領土

日本最北端の島。北方領土の1つ。

・択捉島　　　択捉島

沖縄県にある日本最西端の島。

・与那国島　　与那国島

7地方区分の1つ。

・近畿地方　　近畿地方

世界の
さまざまな地域

2

①写真はどんな地
域の住居？

A 寒い地域
B 暑い地域
C 乾燥した地域

②地図で示した海
の名前は？

A 地中海
B 大西洋
C カスピ海

③自由の女神像が
あるアメリカの
都市は？

A ワシントン
B ロサンゼルス
C ニューヨーク

➡答えは18ページに

⑥ 雨温図の読み方

生活と環境①

世界には暑い気候，寒い気候，雨がほとんど降らない乾燥した気候など，さまざまな気候があります。雨温図を見るとその様子がわかります。

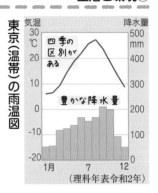

東京（温帯）の雨温図

1 雨温図の読み方

折れ線グラフは気温

折れ線グラフは，各月の平均気温を表します。気温が1年中高いところは熱帯，0℃を下回る月が多いところは冷帯や寒帯といいます。

棒グラフは降水量

棒グラフは各月の合計降水量を表します。ほとんど雨が降らないのは乾燥帯です。温帯は季節ごとの降水量にちがいがあります。

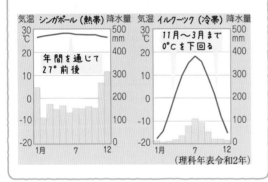

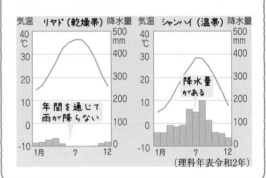

2 世界の主な気候帯

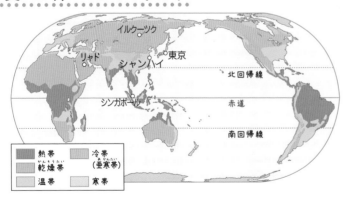

世界の主な気候は，左の地図のような気候帯に分かれています。一般に赤道の周りは熱帯にあたり，以下温帯→冷帯→寒帯と変化していきます。
乾燥帯は，南北の緯度20～30度のあたりに多く見られます。

地理のひとこと（赤道から緯度が高くなるにつれて）
熱帯→乾燥帯→温帯→冷帯→寒帯。

覚えたい3つのことば

雨温図　降水量　気候帯

➡答えは別冊 p.4

1 次の ▭ にあてはまる語句をあとから選びなさい。

(1) 雨温図の折れ線グラフは，各月の平均 ▭ を表しています。

(2) 雨温図の棒グラフは，各月の合計 ▭ を表しています。

(3) (1)や(2)の傾向(けいこう)によって，地球上の場所は，熱帯や温帯などの ▭ に区分することができます。

[　気温　観測点　雨の降った日数　気候帯　降水量　]

2 右のグラフを見て，次の問いに答えなさい。

(4) 右の**グラフ**のように，各地点の月別平均気温や降水量の合計を示したグラフを何といいますか。

▭

(5) **グラフ1～3**について，次の ▭ にあてはまる語句を答えなさい。

・**グラフ1**は，▭ がほとんどありません。

・**グラフ2**は，年間を通して気温が ▭ です。

・**グラフ3**は，冬の ▭ が厳しいことがわかります。

(6) **グラフ1**は，何という気候帯のものですか。次から1つ選びなさい。

[　温帯　熱帯　乾燥帯　寒帯　]

▭

グラフ1

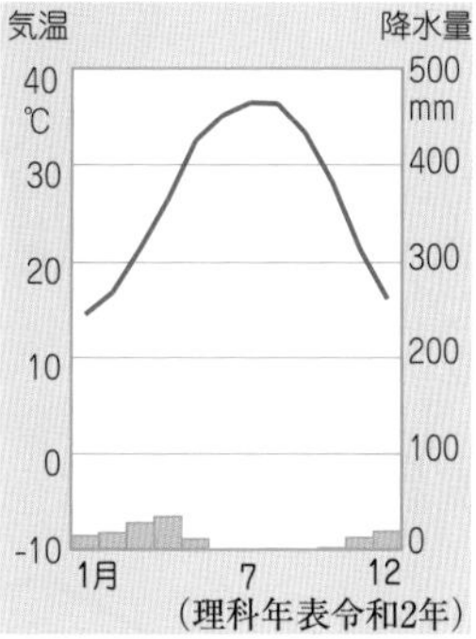

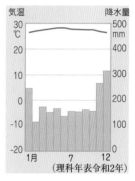

グラフ2

（理科年表令和2年）

グラフ3

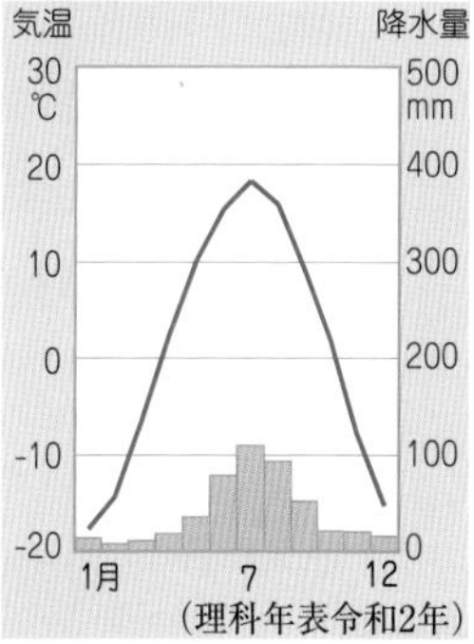

（理科年表令和2年）

7 世界の気候とくらし①

生活と環境②

乾燥帯の民族衣装

気候によって服装，住居，食べ物はさまざまに変わります。ここでは熱帯，乾燥帯，温帯の服装や住居を調べてみましょう。

地中海沿岸の白い壁の家

❶ 熱帯・乾燥帯・温帯のくらし

熱帯のくらし

一年中気温の高い熱帯では，風通しの良い服装が好まれます。インドの民族衣装のサリーなどがこれにあたります。

暑くてもさわやか

乾燥帯のくらし

乾燥帯では，らくだや羊などの家畜を飼いながら移動する，遊牧が行われています。日ざしや砂ぼこりをふせぐ，長そでの服を着ます。

らくだは乾燥に強い！

温帯のくらし

温帯は四季がはっきりしています。日本を含む東アジアはそのうちの温暖湿潤気候にあたります。各地には伝統的な衣服があります。

韓国のチマチョゴリ

❷ さまざまな伝統的な住居

熱帯…木造の高床の住居

乾燥帯…ゲルという組み立て式の住居

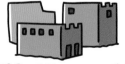
乾燥帯…日干しれんがの住居

熱帯では湿気がこもるのをふせぐ，高床の住居が見られます。乾燥帯では，日干しれんがの家が見られ，遊牧に便利な組み立て式のゲル（モンゴル）などもあります。温帯の地中海沿岸では，特徴的な白い壁の石造りの家が見られます。

地理のひとこと （モンゴルの伝統的な生活）

羊などの遊牧を行い，移動できるゲルに住む。

練習問題

覚 えたい3つのことば

熱帯　乾燥帯　温帯

➡答えは別冊 p.4

1 次の☐☐☐にあてはまる語句をあとから選びなさい。

(1)　赤道に近い地域の気候で，一年中気温が高いものを ☐☐☐☐ といいます。

(2)　四季の区別があり，日本など人口の多い地域が属する気候を ☐☐☐☐ といいます。

(3)　(1)と(2)の間の地域は，一年を通して降水量(こうすいりょう)の少ない ☐☐☐☐ に属することが多いです。

[　熱帯　乾燥帯　温帯　冷帯　寒帯　]

2 右のイラストを見て，次の問いに答えなさい。

(4)　右の A・B の民族衣装について，次の☐☐☐にあてはまる国名をあとから選びなさい。

・A は ☐☐☐☐ のサリーです。通気性が良いため，熱帯の気候に合っています。

・B は温帯に属する ☐☐☐☐ のチマチョゴリです。

[　エジプト　インド　モンゴル　韓国　]

(5)　右の C・D の住居について，次の☐☐☐にあてはまる語句をあとから選びなさい。

・C は，モンゴルのゲルです。この住居は乾燥帯の ☐☐☐☐ という牧畜の生活に適しています。

・D は，熱帯に見られる住居です。湿気をふせぐため，☐☐☐☐ の構造になっています。

[　酪農(らくのう)　遊牧　高床　石垣(いしがき)　]

⑧ 世界の気候とくらし②

生活と環境③

冷帯・寒帯や，標高が高い土地は1年を通して気温が低く，服装や住居に工夫があります。世界では環境に合う食生活が営まれています。

冷帯の衣服

1 冷帯・寒帯，標高の高い土地

冷帯や寒帯のくらし

寒さをふせぐ，伝統的な毛皮の服があります。冷帯のシベリア（ロシア）では永久凍土（凍った土地）をとかさないように高床の建物も見られます。

この氷の家は，イグルーとよばれ，寒帯で見られます

標高が高い土地のくらし

南アメリカのアンデス山脈では，強い日ざしと風を防ぐ，伝統的な帽子やポンチョなどの衣服が見られます。この地方では，リャマやアルパカという家畜も飼われています。

2 さまざまな食べ物

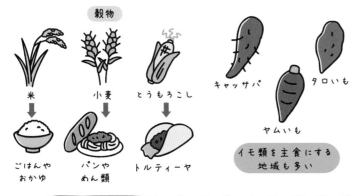

穀物

米　小麦　とうもろこし

↓　↓　↓

ごはんや　パンや　トルティーヤ
おかゆ　めん類

キャッサバ　タロいも

ヤムいも

イモ類を主食にする地域も多い

米，小麦，とうもろこしなどの穀物が栽培されており，雨の多い地域では米が，それより雨が少ない地域では小麦が主食です。熱帯の地方では，イモ類が主食です。最近は，交流が進む中で，ほかの地域の文化が定着することもあります。

地理のひとこと　（寒帯と冷帯，どっちが厳しい？）

寒さが厳しいのはいかんたい！（寒帯）。

覚えたい3つのことば

冷帯　寒帯　主食

➡答えは別冊 p.4

1 次の ☐ にあてはまる語句をあとから選びなさい。

(1) 温帯(おんたい)よりも緯度(いど)の高い地域は，夏が短く，冬の寒さが厳しい ☐ という気候に属しています。

(2) (1)よりも緯度の高い地域は ☐ という気候帯に属し，厳しい寒さで樹木が生長できません。

(3) 緯度の低い地域でも，標高が ☐ と，日ざしや風が強い独特の気候になります。

[　乾燥帯　冷帯　寒帯　高い　低い　]

2 右のイラストを見て，次の問いに答えなさい。

(4) 右のA・Bの民族衣装について，次の ☐ にあてはまる語句をあとから選びなさい。

・Aは，標高が高い土地の民族衣装で，帽子や

☐ を着用しています。

・Bは，寒帯の民族衣装で，トナカイやあざらしの ☐ でつくられています。

[　サリー　ポンチョ　毛皮　毛糸　]

(5) 世界の食べ物について，次の ☐ にあてはまる語句を答えなさい。

・世界で主食となる主な穀物は，米，小麦， ☐ です。熱

帯の地方では，ヤムいもやタロいもなどの ☐ 類が主食

とされることも多いです。

⑨ 世界の宗教

世界の三大宗教は，仏教，キリスト教，イスラム教です。それぞれの特色やその他の宗教についても調べてみましょう。

タイの少年僧の托鉢

① 仏教・キリスト教・イスラム教

仏教

日本にもなじみの深い宗教で，「経」が教典です。タイでは多くの男性が，少年時代に僧として修行します。

キリスト教

キリスト教はイエスが開いた宗教で，聖書が教典です。クリスマスやイースターはキリスト教の行事です。

おもな宗派
カトリック／プロテスタント／正教会

イスラム教

イスラム教はムハンマドが開いた宗教で，豚肉を食べない，女性は人前ではだをあまり見せないなどの戒律があります。

② 宗教の分布

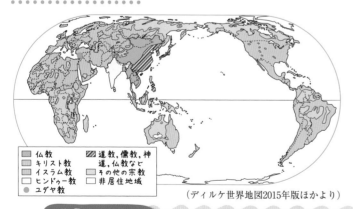

仏教
キリスト教
イスラム教
ヒンドゥー教
ユダヤ教
道教，儒教，神道，仏教など
その他の宗教
非居住地域

（ディルケ世界地図2015年版ほかより）

インドは，シャカが仏教を開いたところですが，現在はヒンドゥー教が広く信仰されています。西アジアはイスラム教徒が多い地域ですが，イスラエルのエルサレムは，キリスト教，イスラム教，ユダヤ教の共通の聖地です。

地理のひとこと （イスラム教について）

聖地はメッカで，教典は「コーラン」。

覚 えたい3つのことば

仏教　キリスト教　イスラム教

➡答えは別冊 p.4

1 次の ☐ にあてはまる語句をあとから選びなさい。

(1) 仏教が生まれたインドでは，仏教はあまり信仰されておらず， ☐
教徒が人口の大部分を占めています。

(2) イスラエルでは，キリスト教の母体となった ☐ 教を信仰する
人々が多いです。

(3) イスラエルの ☐ は，キリスト教やイスラム教および(2)の宗教の
共通の聖地です。

[　ユダヤ　ヒンドゥー　イスラム　メッカ　エルサレム　]

2 次の①〜③は三大宗教に関する説明です。あとの問いに答えなさい。

① シャカが開いた宗教で，日本や<u>東南アジア</u>などで多く信仰されています。

② イエスが開いた宗教で，ヨーロッパやアメリカなどで多く信仰されています。

③ ムハンマドが開いた宗教で，<u>さまざまな戒律</u>が守られています。

(4) ①〜③の宗教名をそれぞれ答えなさい。

① ☐

② ☐　③ ☐

(5) ①の下線部について，この宗教を信仰する多くの男性が少年時代に僧として修行す
る国を，次から1つ選びなさい。

☐

[　フィリピン　タイ　マレーシア　インドネシア　]

(6) ③の下線部について，次の ☐ にあてはまる語句を答えなさい。

・この宗教では，女性が人前ではだを見せないことや， ☐ 肉を食
べないなどの戒律が定められています。

まとめのテスト

➡答えは別冊 p.5

1 右の雨温図を見て，次の問いに答えなさい。

5点×5（25点）

(1) **グラフ1**は年間を通して気温が高く，降水量も多いことがわかります。次の問いに答えなさい。

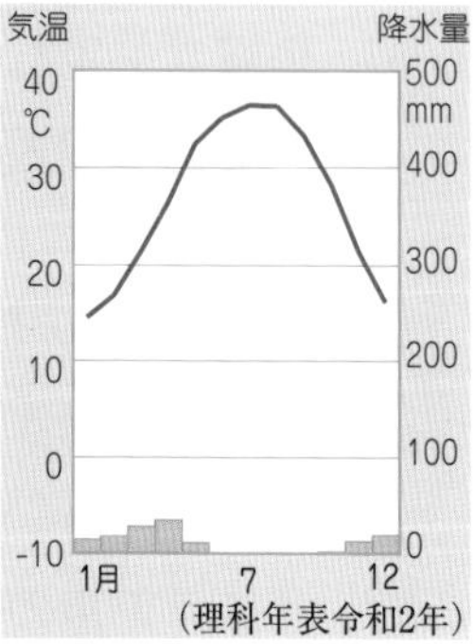

① このような気候帯を何といいますか。
（　　　　　　　）

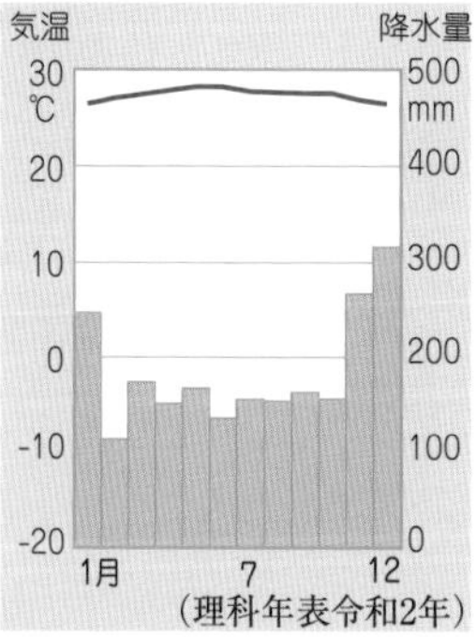

② このような気候では，どのような服装が好まれますか。次から1つ選びなさい。
（　　　　　　　）

グラフ1

グラフ2

（理科年表令和2年）

（理科年表令和2年）

　ア　毛皮でつくられた服　　イ　長そでででたけの長い服　　ウ　風通しのよい服

(2) **グラフ2**は，乾燥帯の雨温図です。次の問いに答えなさい。

① 乾燥帯であることは，棒グラフと折れ線グラフのどちらからわかりますか。
（　　　　　　　）

② 乾燥帯に見られる住居にあてはまらないものを次から1つ選びなさい。
（　　　　　　　）

　ア　日干しれんがの家　　イ　組み立て式のゲル　　ウ　木でできた高床の家

(3) 季節がはっきりしていて，地中海性気候や温暖湿潤気候などに分かれる温暖な気候帯を何といいますか。
（　　　　　　　）

2 次の問いに答えなさい。

5点×3（15点）

(1) 右は冷帯で見られる建物です。このように高床になっている理由を次から1つ選びなさい。
（　　　　　　　）

　ア　永久凍土をとかさないため。
　イ　風通しをよくするため。
　ウ　日ざしをさえぎるため。

(2) この建物のある地域の冬の服装を次から選びましょう。
（　　　　　　　）

　ア　冬は厚いコートを着る　　イ　ポンチョを着る　　ウ　サリーという民族衣装

(3) 冷帯よりも一年を通して気温が低く，雪と氷におおわれている地域の気候帯を何といいますか。
（　　　　　　　）

3 標高の高いアンデス山脈の生活について次の問いに答えなさい。 5点×2(10点)

(1) このような地域の気候をまとめて何といいますか。 （　　　　　　　）

(2) この地域の伝統的な民族衣装は，主に何の動物の毛が使われていますか。次から1 つ選びなさい。 （　　　　　　　）

　ア トナカイ　　イ アルパカ　　ウ アザラシ　　エ 羊

4 世界各地の食べ物について，次の問いに答えなさい。 5点×3(15点)

(1) 次の文にあう穀物の名前をそれぞれ答えなさい。

　① 日本や東南アジアなど雨の多い地域で栽培される。 （　　　　　　　）

　② ①よりも雨が少ない地域で栽培され，パンなどに加工される。（　　　　　　　）

(2) 正しい文を次から1つ選びなさい。 （　　　　　　　）

　ア 世界中どの地域でも主食となる農作物は同じである。

　イ 地域の交流が進み，ほかの地域の食べ物も食べられるようになった。

　ウ 最近は，伝統的な食べ物はほとんど食べられなくなった。

5 右の地図を見て，次の問いに答えなさい。 5点×7(35点)

(1) 世界の広い範囲で信仰されている，イエスが開いた宗教は何ですか。 （　　　　　　　）

(2) 地図中の西アジアで多く信仰されている宗教について，次の問いに答えなさい。

　① 世界三大宗教の1つであるこの宗教を何といいますか。 （　　　　　　　）

　② この宗教の戒律として，誤っているものを次から1つ選びなさい。（　　　　　　　）

　　ア 豚肉を食べない。　　　イ 女性は人前ではだをあまり見せない。

　　ウ 多くの男性が僧として修行する。　　エ 1日5回いのりをささげる。

　③ この宗教の教典を次から1つ選びなさい。 （　　　　　　　）

　　ア 「経」　　イ 「コーラン」　　ウ 「聖書」

　④ 地図中の★にある，この宗教の聖地を何といいますか。 （　　　　　　　）

(3) 地図中のエルサレムがあるイスラエルで，多くの人が信仰している宗教を何といいますか。 （　　　　　　　）

(4) 仏教が生まれた国ですが，現在では多くの人々がヒンドゥー教を信仰している国を地図中から1つ選びなさい。 （　　　　　　　）

10 中国の特色

日本のとなりの国・**中国**は，古くから日本と交流を持ってきた国です。現在は**工業化**が進み，日本と貿易を通した結びつきが強まっています。

シャンハイの高層ビル群

1 中国のすがた

自然と農業

中国は北部を黄河，南部を長江が流れています。黄河流域では小麦，長江流域では米が栽培され，乾燥した西部では羊の牧畜が行われています。

急速な工業化

経済特区をつくり外国の資本を受け入れた沿海部を中心に，急速に成長。「世界の工場」とよばれています。

人口が多い中国

人口は約14億人で，人口の多い国。9割は漢族ですが，西部に宗教の異なる少数民族も住む多民族国家です。一人っ子政策は廃止されています。

2 発展にともなう課題

急速な工業化のために，大気や河川の汚れなどの環境問題が起こっています。
また，沿海部の都市と，内陸部の都市との収入差による経済格差も問題になっています。

中国の地域別1人あたりの総生産額

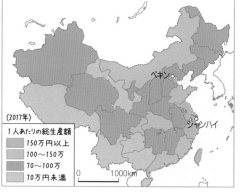

地理のひとこと（急速に成長が進む中国）

世界の工場で，**世界の市場**。

➡答えは別冊 p.5

1 次の□□□にあてはまる語句をあとから選びなさい。

(1) 中国の西部の乾燥した地域では，□□□□□□□□□の牧畜が盛んです。

(2) 中国の長江の流域では，□□□□□□□の栽培が盛んです。

(3) 中国の主に西部には□□□□□□□が住み，宗教も異なっています。

[　少数民族　　一人っ子　　牛　　羊　　小麦　　米　　漢民族　]

2 右の地図を見て，あとの問いに答えなさい。

(4) 地図中のＡとＢの河川名をそれぞれ答えなさい。

Ａ □□□□□□□□□□

Ｂ □□□□□□□□□□

(5) 地図中のＣの都市は，中国最大の人口を持ち，産業が発達しています。この都市名を次から１つ選びなさい。

[　ペキン　シャンハイ　テンチン　チョンチン　]

□□□□□□□□

(6) 中国の課題について，次の□□□にあてはまる語句をあとから選びなさい。

・急速な工業化で，都市の大気汚染などの□□□□□□□が深刻です。また，

沿海部と内陸部の□□□□□□□も広がっています。

[　経済特区　　開発　　環境問題　　都市化　　経済格差　]

11 東南アジア・南アジア・西アジア

アジア州②

東南アジアや南アジアは，人口の多い地域で，最近は工業化がいちじるしいです。西アジアは大部分が乾燥(かんそう)帯(たい)に属します。

インドのソフトウェアの会社

❶ 東南アジア，南アジア，西アジア

東南アジア

ASEAN(アセアン)を結成し結びついています。プランテーションにより大規模に天然ゴムや油やしをつくり，輸出しています。

ASEAN
東南アジア諸国連合

南アジア

南アジア最大のインドは，ヒンドゥー教徒が多い国です。情報通信技術(ICT)産業の発展で注目されています。

ヒンドゥー教
ICT

西アジア

イスラム教徒が多い地域です。世界的な石油の産地で，ペルシャ湾(わんえんがん)沿岸に油田が集中しています。

石油!

❷ 急速に進む工業化

マレーシア

1980年　総額129.4億ドル
機械類┐　┌パーム油

石油 23.8%	天然ゴム 16.4	木材 10.7	9.3	8.9	その他 30.9

2017年　総額2164億ドル
パーム油4.5　┌天然ガス4.3

機械類 41.0%		その他 42.8
└石油製品7.4

タイ

1980年　総額65.1億ドル
天然ゴム┐　　┌機械類6.0

米 14.7%	野菜 11.5	すず 9.3	8.5	その他 50.0

2016年　総額2136億ドル
自動車┐

機械類 31.3%	12.8	その他 51.7
└プラスチック4.2

（「世界国勢図会」2019/20年版）

東南アジアの輸出品は，かつて農産物や鉱産資源(こうさんしげん)が大部分を占(し)めていました。近年は，工業化が急速に進み，機械類などの工業製品の輸出が増えています。

地理のひとこと　（東南アジア・南アジアの産業の変化）

工業や，情報通信技術(ICT)産業が成長。

覚えたい3つのことば

| ASEAN　ヒンドゥー教　石油 |

→答えは別冊 p.5

1 次の□□□にあてはまる語句をあとから選びなさい。

(1) 東南アジアでは，□□□□□□□□とよばれる大農園で，天然ゴムや油やしがつくられ，輸出されてきました。

(2) 南アジアの□□□□□□□では，多くの人々がヒンドゥー教を信仰しています。

(3) 西アジアの□□□□□□□湾沿岸は，世界的な石油の産地です。

[　プランテーション　ビニールハウス　インド　パキスタン　ペルシャ　]

2 次の①～③は，アジアについての説明です。あとの問いに答えなさい。

① 東南アジアでは，<u>東南アジア諸国連合</u>を結成し，結びつきを強めています。

② 南アジアのインドは，人口増加を背景に，成長を続けています。

③ 西アジアは，世界的な<u>ある資源</u>の産地です。

(4) ①・③の下線部について，①東南アジア諸国連合のアルファベット名と，③この資源の名前をそれぞれ答えなさい。

① □□□□□□□　　③ □□□□□□□

(5) ②について，インドでは英語や数学の教育水準が高いことから，ある産業が発展しました。この産業を次から1つ選びなさい。　□□□□□□□産業

[　情報通信技術　自動車　化学　]

(6) 東南アジアで進む工業化について，次の□□□にあてはまる語句を，あとから選びなさい。

・東南アジアの輸出品は，かつては農産物などが大部分を占めていましたが，近年は□□□□□□□などの工業製品の輸出額が大幅に増えています。

[　衣類　機械類　鉱産資源　]

12 ヨーロッパの国々

ヨーロッパ州①

サグラダファミリア教会（スペイン）

ヨーロッパの国々は，日本より面積の小さい国が多いです。民族は多様ですが，**キリスト教やアルファベット**など文化に共通性があります。

① ヨーロッパのすがた

温暖な気候

大部分は日本より**高緯度**にありますが，暖流の**北大西洋海流**と**偏西風**の影響で温暖な気候になっています。

偏西風

北大西洋海流

ヨーロッパの農業

地域によって農業にちがいが見られます。イタリア・スペインなど南部の**地中海沿岸**は**地中海式農業**，フランスやドイツなど中部では**混合農業**，デンマークやオランダなどの北部やアルプス山脈の周りでは乳製品をつくる**酪農**がそれぞれ盛んです。

南部
地中海式農業

果樹と小麦

中部
混合農業

家畜と小麦・ライ麦

北部・アルプス
酪農

乳製品（チーズなど）

② キリスト教と言語の分布は，大きく３つ

プロテスタント
カトリック
正教会
その他

0　500km

ヨーロッパの宗教

ラテン系言語
ゲルマン系言語
スラブ系言語
その他

0　500km

ヨーロッパの言語分布

キリスト教には南部に多い**カトリック**，北部に多い**プロテスタント**，東部やロシアに多い**正教会**の３つがあります。

国ごとの言語も**ラテン系言語**，**ゲルマン系言語**，**スラブ系言語**に分けられ，キリスト教の信仰の分布と似ています。

地理のひとこと （ヨーロッパの中央部）

高くてけわしい**アルプス山脈**がある。

練習問題

→答えは別冊 p.6

覚 えたい3つのことば

地中海式農業　　混合農業　　酪農

1 次の□□□にあてはまる語句をあとから選びなさい。

(1) ヨーロッパ中部では，小麦栽培（さいばい）と家畜（かちく）の飼育を組み合わせた □□□□ が行われています。

(2) ヨーロッパ北部やアルプスでは，乳牛を飼いチーズをつくる □□□□ が盛んです。

(3) ヨーロッパでゲルマン系言語が話されている地域では， □□□□ というキリスト教の宗派を信仰する人が多いです。

[　　地中海式農業　　混合農業　　酪農　　カトリック　　プロテスタント　　]

2 右の地図を見て，次の問いに答えなさい。

(4) 高緯度にあるヨーロッパの気候が温暖な理由について，次の□□□に，あてはまる語句を答えなさい。

・暖流（だんりゅう）であるAの □□□□□□

の上を，Bの □□□□□□□ がふくため。

(5) 地図中のCの地域では，果樹と小麦の栽培を組み合わせた農業が行われています。このような農業を何といいますか。 □□□□□□

(6) ヨーロッパのアルファベットを用いた言語，キリスト教の宗派はそれぞれ大きく3つに分けられます。次の□□□にあてはまる語句をあとから選びなさい。

・ヨーロッパ南部ではおもにカトリックが信仰され， □□□□□ 系言語が話されています。

[　　ラテン　　ゲルマン　　スラブ　　]

13 EUの特色

ヨーロッパ州②

ヨーロッパの国々は，ヨーロッパ連合(EU)を結成し，結びつきを強めています。EUの中は自由に国境を通過でき，通貨も統一されています。

ベルギーの EU 本部

1 ヨーロッパ連合(EU)

ECからEUへ

アメリカなどの大国に対抗するため，1967年にヨーロッパ共同体(EC)が結成されました。その後加盟国が増え，1993年にEUに発展しました。

EUの利点

加盟国の間では，国境の通過が自由で，資格も同じなので，国をまたいで通勤する人もいます。関税もありません。

共通通貨はユーロ

2002年からEUの共通通貨として使われています。ユーロを導入しているすべての国で，両替なしで買い物をすることができます。

2 経済格差とロシアとの関係

EU諸国の1か月あたりの最低賃金

ベルギー	1501.8
オランダ	1501.8
フランス	1457.5
ギリシャ	683.8
ルーマニア	217.5

0　1000　2000 ユーロ
(2015)
(EU資料)

東部，南部の国と西部の格差が大きい

EUではドイツ・フランスなどの工業国と，ポーランドやギリシャなど東部や南部の国々との経済格差が問題になっています。
また，EUは東にあるロシア連邦との結びつきも強く，ロシアとつながるパイプラインで石油や天然ガスを輸入しています。

地理のひとこと （EUから離れる国もある）
イギリスはEUを2020年に離脱した。

覚 えたい3つのことば

EC　　EU　　ユーロ

➡答えは別冊 p.6

1　次の□□□□にあてはまる語句をあとから選びなさい。

(1)　1993年に発足したヨーロッパ連合の略称は，□□□□□□　です。

(2)　(1)の母体の，1967年に発足したヨーロッパ共同体の略称は，□□□□□
です。

(3)　ヨーロッパ連合は，東にあって，ヨーロッパ州とアジア州にまたがる国で，キリス
ト教を信仰する人が多い□□□□□□□□□とのつながりも深めています。

[　　EU　　EC　　ASEAN　　ロシア　　イギリス　　]

2　右の資料を見て，次の問いに答えなさい。

(4)　資料はEUの共通通貨です。この共通通貨の名前
を答えなさい。□□□□□□□□

(5)　EUでは(4)のような共通通貨を持つこと以外に，どのような経済的な利点があります
か。次の□□□□にあてはまる語句をあとからそれぞれ選びなさい。

・EUの加盟国間では，□□□□□□□□□の通過が自由であるほか，貿易をする

ときにかかる□□□□□□□□がありません。

[　　国境　　資格　　免許　　関税　　]

(6)　EU加盟国のうち，とくにドイツやフランスなど西ヨーロッパの工業国と，ポーラ
ンドやギリシャなど東部や南部の国々との間で起こっている問題を，漢字４字で答え
なさい。

□□□□□□□□

14 アフリカの国々

アフリカ州

アフリカはヨーロッパの国々によって19世紀末にはほぼ植民地とされました。1950年以降に独立国が増え，問題を抱えながらも発展してきています。

カカオの乾燥作業

1 アフリカのすがた

プランテーション

植民地時代に開かれたプランテーションでの農業が盛んです。ギニア湾周辺の熱帯地域ではチョコレートの原料となるカカオが栽培されます。

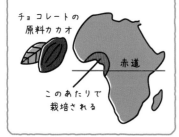
チョコレートの原料カカオ
赤道
このあたりで栽培される

豊富な鉱産資源

金やダイヤモンドなどの貴金属のほか，電子機器に使われる希少金属（レアメタル）が多く産出されます。

コバルト
ガリウム
マンガン
など

モノカルチャー経済

アフリカの国々は，特定の農産物や資源の輸出にたよる経済の国も多く，モノカルチャー経済とよばれます。

ナイジェリアの輸出品

その他 7.2
11.7
445万億ドル（2017年）
天然ガス
石油 81.1%

輸出品の大部分は石油なので，石油の価格が下がると大変！
（2017年）（「日本国勢図会」2019/20）

2 アフリカの国境線は直線が多い

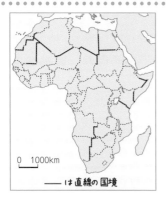
0 1000km
—— は直線の国境

同じ民族なのに…
ハッ！
A国
B国

アフリカの国境線は，ヨーロッパ諸国が19世紀から20世紀に植民地としたときの都合で引いた，直線的な国境が多く残っています。そのため，同じ民族が分断されたり，対立する民族が同じ国になったりしています。

地理のひとこと（アフリカ内の結びつき）
アフリカ連合（AU）で問題の解決をめざす。

覚えたい3つのことば

プランテーション　レアメタル　モノカルチャー経済

➡答えは別冊 p.6

1 次の□□□にあてはまる語句をあとから選びなさい。

(1) アフリカでは，かつて植民地時代に開かれた□□□□□□□□□□農業が盛んです。

(2) アフリカでは金やダイヤモンドのほか，□□□□□□□□□□とよばれる希少金属が産出されます。

(3) アフリカの国々の中には，特定の農産物や資源が，輸出品の割合の大部分を占める□□□□□□□□□□経済になっている国があります。

[　　モノカルチャー　　プランテーション　　レアメタル　　化石燃料　　]

2 右の地図を見て，次の問いに答えなさい。

(4) 地図中の■■■の地域で盛んに栽培されている，チョコレートの原料となる植物を何といいますか。
□□□□□□□□□□

(5) 地図中の◇の地域で産出される，宝石などとして利用される鉱産資源名を答えなさい。
□□□□□□□□□□

(6) 地図を見て，次の□□□にあてはまる語句を，あとからそれぞれ選びなさい。

・アフリカの国境線は，ほかの州に比べ□□□□□□□□□□ものが多いのが特徴です。これが□□□□□□□□どうしの争いの原因にもなっています。

[　　自然地形による　　直線的な　　民族　　工場　　]

0　1000km

（ディルケ世界地図2008年版ほか）

39

まとめのテスト

勉強した日	得点
月　　日	／100点

→答えは別冊 p.7

1 右の地図を見て，次の問いに答えなさい。

5点×5（25点）

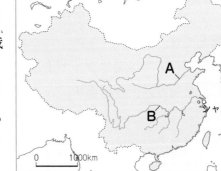

(1) 地図中の**A**の河川名を答えなさい。

（　　　　　　　　）

(2) 地図中の**B**の河川の流域で，主食として栽培_{ばい}されている穀_{こくもつ}物は何ですか。

（　　　　　　　　）

(3) 地図中のシャンハイの説明として正しいものを次から1つ選びなさい。（　　　　）
　ア　漢_{かんぞく}族よりも少数民族が多く住んでいる。
　イ　中国の首都である。　　ウ　産業が発達した中国最大の都市である。

(4) 中国が外国企業の受け入れのため，沿海部の都市に設けた地区を何といいますか。

（　　　　　　　　）

(5) 2021年現在の中国の人口に最も近いものを，次から1つ選びなさい。
　ア　6億人　　イ　9億人　　ウ　14億人　　エ　20億人　　（　　　　）

2 右の地図を見て，次の問いに答えなさい。

5点×5（25点）

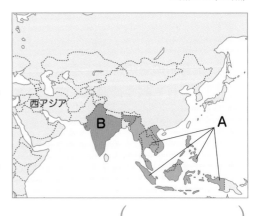

(1) **A**の東南アジアの国々が結成し，経済的な結びつきを強めている組織名を，アルファベットで答えなさい。（　　　　　　　　）

(2) **A**の東南アジアが植民地だったころに開かれた，大農場をカタカナで答えなさい。

（　　　　　　　　）

(3) **B**のインドで，大部分の人々が信仰_{しんこう}している宗教を何といいますか。

（　　　　　　　　）

(4) **B**のインドの特色として正しいものを，次から1つ選びなさい。　　（　　　　）
　ア　農業が盛んなため，工業はほとんど発達していない。
　イ　寒い気候にあった，サリーという民族衣装を着ている女性が多い。
　ウ　英語や数学の教育水準が高いため，情報通信技術産業が発達している。

(5) 西アジアで豊富に産出される資_{しげん}源を，次から1つ選びなさい。　（　　　　）
　ア　鉄鉱石　　イ　銅　　ウ　石油　　エ　石炭

3 右の地図を見て，次の問いに答えなさい。

5点×6（30点）

(1) 地図中のA・Bの海流と風の影響によるヨーロッパの気候の特色を，次から1つ選びなさい。（　　　）

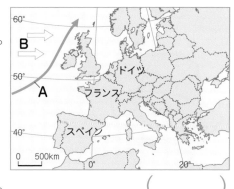

ア　降水量が非常に多い。

イ　低緯度のわりに寒冷である。

ウ　高緯度のわりに温暖である。

(2) 地図中のスペインで信仰されているキリスト教の宗派と使われている言語の系統の組み合わせとして正しいものを，次から1つ選びなさい。（　　　）

ア　プロテスタント・ゲルマン系言語　　イ　プロテスタント・ラテン系言語

ウ　正教会・スラブ系言語　　エ　カトリック・ラテン系言語

(3) 地図中のフランスやドイツなどで広く行われている農業で，小麦の栽培と家畜の飼育を組み合わせた農業を何といいますか。（　　　）

(4) 地図中の多くの国々が加盟している，ヨーロッパの統合をめざす組織を何といいますか。（　　　）

(5) (4)で用いられている共通通貨を何といいますか。（　　　）

(6) (4)の問題点として正しいものを，次から1つ選びなさい。（　　　）

ア　国境の通過手続きが複雑である。　　イ　加盟国間の貿易に高い関税がかかる。

ウ　加盟国間に大きな経済格差がある。

4 右の地図を見て，次の問いに答えなさい。

5点×4（20点）

(1) アフリカの国境線が直線的な理由として正しいものを次から1つ選びなさい。（　　　）

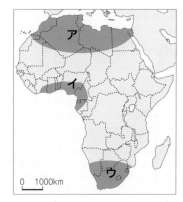

ア　山地や河川など，国境になる目印がなかったから。

イ　植民地時代に，支配国が国境線を引いたから。

ウ　経済統合のため，話し合いで国境を定めたから。

(2) チョコレートの原料のカカオの生産が盛んな地域を，地図中のア～ウから1つ選びなさい。（　　　）

(3) アフリカでは電子機器に使われる稀少な金属が多く産出されます。これらをカタカナで何といいますか。（　　　）

(4) アフリカのモノカルチャー経済の問題点についての説明として正しいものを，次から1つ選びなさい。（　　　）

ア　輸出品が特定の農産物や資源にかたよっているため，経済が不安定である。

イ　貿易相手国がヨーロッパ諸国にかたよっているため，利益を得にくい。

ウ　工業が化学工業にかたよっているため，環境破壊が急速に進んでいる。

15 北アメリカの国々

北アメリカ州①

北アメリカ州は，**カナダ**と**アメリカ合衆国**のほか，**メキシコ**などの中央アメリカの国々や，**カリブ海**の島々からなります。

カナダの針葉樹林

① 北アメリカ州のすがた

歴史の新しい国々

北アメリカ州は16世紀以降，ヨーロッパからの移民によって開拓された新しい国々です。ネイティブアメリカンという先住民は，土地をうばわれ住むところを追われました。

ハイヨー!

カナダ

ロシアについで世界で2番目に面積の大きい国です。国土の大部分が冷帯や寒帯に属しますが，森林資源が豊富です。

中央アメリカの国々

スペインの支配下にあったメキシコなどの中央アメリカやカリブ海の国々は，スペイン語を公用語としています。

アミーゴ!
(スペイン語)

② 多民族からなる北アメリカ州

16～19世紀　　20世紀以降
ヨーロッパ
ネイティブアメリカン
アフリカ
アジア
ヒスパニック

北アメリカ州には先住民やヨーロッパからの移民のほか，かつてアフリカから奴隷として連れてこられた人々など，多様な民族が住んでいます。
カナダでは英語のほかにフランス語も公用語となっています。

地理のひとこと　（アメリカ合衆国で増える移民）

ヒスパニックは，スペイン語を話す人々。

覚えたい3つのことば

先住民　カナダ　メキシコ

➡答えは別冊 p.6

1　次の□□□にあてはまる語句をあとから選びなさい。

(1)　北アメリカ州は16世紀以降，ヨーロッパからの移民によって開かれました。そして先住民の[　　　　　　　　　　]は住むところをうばわれました。

(2)　カナダでは多くの人々が英語を話していますが，[　　　　　　　　　　]を話す人々が多い地域もあります。

(3)　メキシコやカリブ海の国々の公用語は，[　　　　　　　　　　]です。

[　　ネイティブアメリカン　　ヒスパニック　　スペイン語　　フランス語　　]

2　次の①～③は，北アメリカ州の国々についての説明です。あとの問いに答えなさい。

①　北アメリカ州最大の国で，国土の大部分が冷帯や寒帯に属し，森林資源が豊富です。
②　北アメリカ州の主要な部分を占める国で，ヨーロッパ系を中心に，さまざまな民族から構成されます。
③　中央アメリカの主要な部分を占める国で，かつてスペインの支配下にありました。

(4)　①・③にあてはまる国をそれぞれ答えなさい。

①[　　　　　　　　　　]　③[　　　　　　　　　　]

(5)　②の下線部について，次の説明にあてはまる人々を，あとから選びなさい。

あ　かつて農場で労働させる奴隷として連れてこられた人々の子孫です。

[　　　　　　　　　　]

い　スペイン語を話す地域から移住した人々です。

[　　　　　　　　　　]

[　　アジア系　　アフリカ系　　ヒスパニック　　フランス系　　]

16 アメリカ合衆国の特色

北アメリカ州②

アメリカ合衆国（がっしゅうこく）は日本と結びつきが強いだけでなく，その文化が日本の生活にも多く取り入れられています。

ニューヨークの自由の女神像

1 アメリカ合衆国のすがた

広大な国土

西部には高くてけわしいロッキー山脈が連なり，中央部にはミシシッピ川が流れています。その間には広大な平原が広がっており，農業が盛んです。

ロッキー山脈
グレートプレーンズ
プレーリー
中央平原
ミシシッピ川

最先端の産業

南部のサンベルトという地域で先端技術産業が盛んです。特に西海岸のシリコンバレーは，情報通信技術（ICT）産業の会社が集まっています。

シリコンバレー
サンベルト
（北緯37°以南の工業地域）

世界に広がる文化

ジーンズやハンバーガーなど，アメリカの文化は世界に影響（えいきょう）をあたえています。また，アメリカの大企業（だいきぎょう）の多くは，世界で活躍（かつやく）する多国籍企業（たこくせき）です。

ハンバーガーとコーラの企業も多国籍企業です。

2 アメリカ合衆国の農業

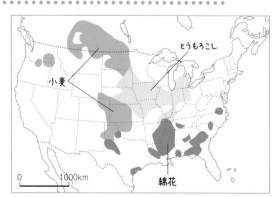

とうもろこし
小麦
0　1000km
綿花

地域の環境（かんきょう）に合った農作物を栽培（さいばい）する適地（てきち）適作（てきさく）の農業が行われています。農場は広大で，機械での耕作や経営に先端技術（せんたん）が用いられ，企業的な農業とよばれます。

トラクターなども日本のよりずっと大型。農業のために人工衛星を打ち上げたりもするよ。

地理のひとこと（情報通信技術（ICT）産業の盛んな地域）

世界のICTは，シリコンバレーに集結。

覚えたい3つのことば

ロッキー山脈 サンベルト シリコンバレー

→答えは別冊 p.7

1 次の ◯◯◯ にあてはまる語句をあとから選びなさい。

(1) 北アメリカ西部には, 高くてけわしい ◯◯◯◯◯◯ 山脈が南北に連なっています。

(2) アメリカ合衆国南部の, 比較的新しい工業地域のことを ◯◯◯◯◯◯ といいます。

(3) アメリカ合衆国の大企業の中には, 世界規模で活動する ◯◯◯◯◯◯ となっているものがあります。

[ロッキー アパラチア シリコンバレー サンベルト 多国籍企業]

2 右の地図を見て, 次の問いに答えなさい。

(4) 地図1中のAの河川名を答えなさい。

地図1

(5) 地図1中のBの地域は, 情報通信技術(ICT)産業の先進地として知られています。この地名を答えなさい。

(6) 地図2を見て, 次の ◯◯◯ にあてはまる語句を, あとからそれぞれ選びなさい。

・地図2中のCの地域でおもに栽培されている

農作物は, ◯◯◯◯◯ です。このよ

うに地域の環境に合った農作物を栽培する農

業の方法を ◯◯◯◯◯ といいます。

[小麦 綿花 企業的 適地適作]

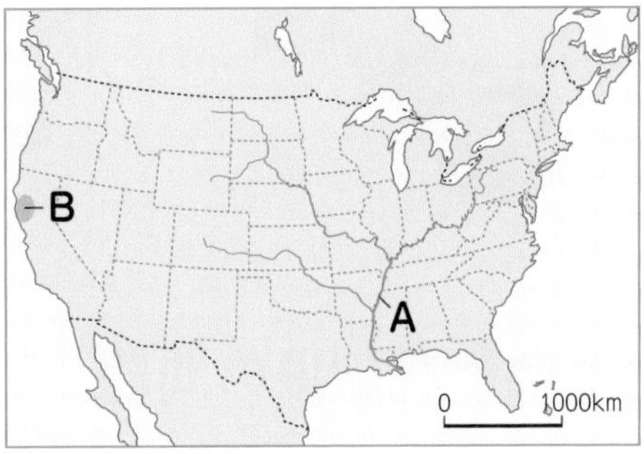

地図2 アメリカ合衆国の農業地域

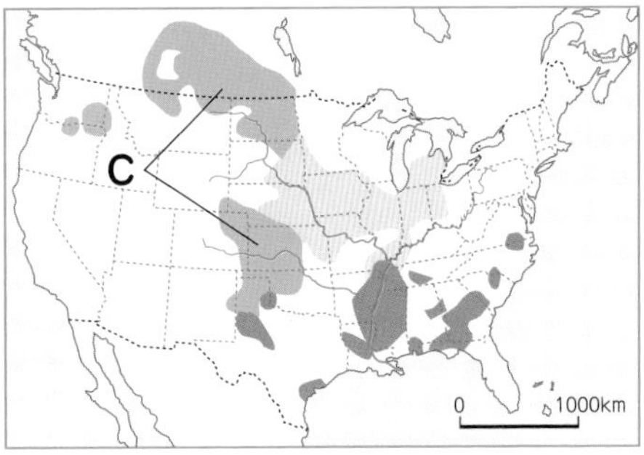

45

17 南アメリカの国々

南アメリカ州

南アメリカ州は，日本から最も遠い地域です。しかし，明治時代以降に多くの日本人が移民しており，今も日本と結びつきの強い地域です。

熱帯林を流れるアマゾン川

❶ 南アメリカのすがた

南アメリカの言語

多くの国々はスペイン語が公用語ですが，ポルトガルの植民地だったブラジルはポルトガル語が公用語です。

ポルトガル語

スペイン語

豊富な鉱産資源

ブラジルの鉄鉱石，チリの銅鉱，ベネズエラの石油など，鉱産資源が盛んに産出されてきました。近年は工業化も進んでいます。

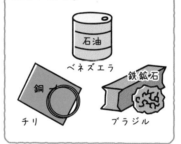

石油
ベネズエラ

銅
チリ

鉄鉱石
ブラジル

ブラジルの日系人

日本から移民した人々の子孫である日系人が多くいます。近年，ブラジルの日系人が来日して日本の工場で働くなど，交流が盛んです。

❷ 熱帯林破壊の問題

熱帯林の破壊で地球温暖化が進んだり，動植物が絶滅したりすることが心配されています。

本当に地球にやさしいの？

ジャングルを焼き払ったあとにバイオエタノールをとるためのさとうきびを植えるの

バイオエタノールは地球にやさしい燃料なんだ

ブラジルのアマゾン川流域には広大な熱帯林が広がっています。近年，コーヒーやバイオエタノール（バイオ燃料）の原料となるさとうきびなどの畑を開くための熱帯林の破壊が問題となっています。

地理のひとこと （南アメリカ最大の河川）

アマゾン川は，流域面積世界一。

覚 えたい3つのことば

| ポルトガル語 | 日系人 | 熱帯林破壊 |

➡答えは別冊 p.7

1 次の □ にあてはまる語句をあとから選びなさい。

(1) 南アメリカ州では，スペイン語を公用語とする国が多いですが，ブラジルでは，

□ が公用語となっています。

(2) 南アメリカ州は鉱産資源も豊富で，とくにチリでは，□
が多く産出されます。

(3) ブラジルでは，バイオエタノールの原料の □ の栽培が
盛んです。

[　ポルトガル語　英語　鉄鉱石　銅鉱石　コーヒー　さとうきび　]

2 右の地図を見て，次の問いに答えなさい。

(4) 地図中のAの河川名を答えなさい。

□

(5) Aの流域で起こっている環境問題について，次の文中
の空欄にあてはまる語句をあとからそれぞれ選びなさい。

・Aの流域では，近年，□ の破壊が

問題となっています。この原因の1つとして，□ の原

料にするさとうきび畑の開発があげられます。

[　オゾン層　熱帯林　バイオエタノール　薬品　]

(6) 地図中のサンパウロでは，かつて日本から移住した人々が開いた日本風の町並みが
見られる一角があります。このような移住した日本人の子孫を何といいますか。

□

18 オセアニアの国々

オセアニア州

オセアニア州は，オーストラリアと太平洋の島々からなる州です。オーストラリアは日本のほぼ真南にあり，南半球なので日本と季節が逆です。

オーストラリアの真夏のクリスマス

1 オセアニアのすがた

乾燥大陸オーストラリア

オーストラリアの大部分は乾燥帯に属します。人口の大部分は，温帯で降水量もある南東部に集中しています。

大部分が乾燥帯

人口はこの地域に集中 — シドニー

オーストラリアの鉱工業

東部では石炭，西部では鉄鉱石が多く産出されます。日本の石炭と鉄鉱石の最大の輸入相手国はオーストラリアです。

石炭
鉄鉱石

オセアニアの島々

オセアニアの島々はメラネシア，ミクロネシア，ポリネシアに分けられます。美しい自然環境に恵まれ，リゾート地として発展しています。

2 白豪主義から多文化社会へ

オーストラリアにくらす移民の出身州

● 白豪主義時代（1961年）177.9万人

| ヨーロッパ州 89.7% | アジア州4.4 | その他4.3 |
アフリカ州1.6

● 現在（2011年）648.6万人

| ヨーロッパ州 32.6% | アジア州 30.8 | アフリカ州5.2 | その他 31.4 |

（オーストラリア統計局資料）

オーストラリアの先住民はアボリジニといいます。その後イギリス系の移民による開拓が進み，1970年代までヨーロッパ系以外の移民を制限する白豪主義がとられていました。
現在はアジア系の移民も増え，文化を尊重しあう多文化社会となっています。

地理のひとこと　（オセアニア州の島国）

日本と同じ火山の多いニュージーランド。

覚えたい3つのことば

乾燥大陸	アボリジニ	多文化社会

➡答えは別冊 p.8

1 次の ⬜ にあてはまる語句をあとから選びなさい。

(1) オーストラリア大陸は，その気候的特性から ⬜ 大陸とよばれています。

(2) オセアニアの島々は，メラネシア，ミクロネシア，⬜ の3つの地域に分けられます。

(3) オーストラリアでは，近年，⬜ 系の移民が増えており，多文化社会となっています。

[乾燥   熱帯(ねったい)   インドネシア   ポリネシア   ヨーロッパ   アジア]

2 右の地図を見て，次の問いに答えなさい。

(4) 地図中のAとBで盛んに産出される鉱産資源(こうさんしげん)名を，次からそれぞれ選びなさい。

A ⬜

B ⬜

[鉄鉱石   レアメタル   石炭   石油]

ウルル
（エアーズロック）

▲A
■B

0   1000km

(5) 地図中のウルル(エアーズロック)は，オーストラリアの先住民の聖地となっています。この先住民の名前を，次から1つ選びなさい。 ⬜

[マオリ   アボリジニ   イヌイット   ネイティブアメリカン]

(6) 地図のオーストラリアでは，1970年代までヨーロッパ系以外の移民を制限する政策(せいさく)がとられていました。この政策を何といいますか。 ⬜

まとめのテスト

勉強した日	得点
月　　日	／100点

➡答えは別冊 p.8

1 右の地図を見て，次の問いに答えなさい。

5点×10(50点)

(1) 地図1中の**A**の国名を答えなさい。

（　　　　　　　　）

(2) 地図1中の**A**の国ではスペイン語が公用語です。アメリカ合衆国で，この国をはじめとするスペイン語圏から移住した人々を，とくに何といいますか。

（　　　　　　　　）

(3) 地図1中のカナダで公用語とされている言語を2つ答えなさい。

（　　　　　）（　　　　　）

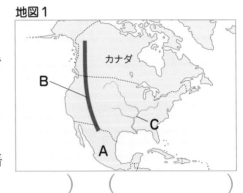

地図1

(4) 地図1中の国々にはさまざまな民族の人々がくらしています。次の**ア〜エ**のうち，最も遅く北アメリカ州に移り住んだ人々を1つ選びなさい。

（　　　　　　　　）

ア アフリカ系　　**イ** ヨーロッパ系

ウ アジア系　　　**エ** ネイティブアメリカン

(5) 地図1中の**B**の山脈名と**C**の河川名をそれぞれ答えなさい。

B（　　　　　　　）　　C（　　　　　　　）

(6) 地図2は，アメリカの農業地域を表しています。次の問いに答えなさい。

① 綿花が多く栽培されている地域を，地図2中の**ア〜ウ**から1つ選びなさい。

（　　　　　　　　）

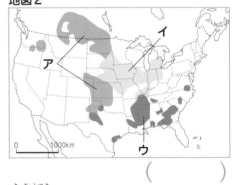

地図2

② アメリカの農業についての説明として誤っているものを，次から1つ選びなさい。

（　　　　　　　　）

ア 大規模な耕作と先端技術を用いた経営で，企業的な農業とよばれる。

イ 地域の環境に合った農作物を栽培するため，適地適作の農業とよばれる。

ウ せまい農地を多くの人手をかけて耕作するため，合理的な農業とよばれる。

(7) アメリカの工業の説明として正しいものを，次から1つ選びなさい。

（　　　　　　　　）

ア アメリカ北部のサンベルトとよばれる地域で先端技術産業が盛んである。

イ アメリカの大企業の多くは，世界規模で活躍する多国籍企業である。

ウ サンフランシスコ近郊のシリコンバレーは，石油化学工業の先進地である。

2 右の地図を見て，次の問いに答えなさい。

(1) 地図中の**A**の河川について，次の問いに答えなさい。

① **A**の河川名を答えなさい。 （　　　　　　　）

② **A**の河川の流域で起こっている問題の説明として正しいものを，次から1つ選びなさい。 （　　　　　　　）

ア 地球温暖化の影響で，川の水の量が減っている。

イ 農地開発で，熱帯林が破壊されている。

ウ 熱帯林の面積が増え，川の魚の数が減っている。

(2) 地図中に示した南アメリカの国々の中で，日系人が最も多く住む国を1つ選びなさい。 （　　　　　　　）

(3) 地図中のブラジルで多く産出される鉱産資源を，次から1つ選びなさい。

ア 銅鉱石　　イ 鉄鉱石　　ウ 石油　　エ 石炭 （　　　　）

(4) 南アメリカの国々と公用語の説明として正しいものを，次から1つ選びなさい。

（　　　　）

ア アルゼンチンではスペイン語，他の国々では英語が話されている。

イ ブラジルではポルトガル語，他の国々ではスペイン語が話されている。

ウ チリではフランス語，他の国々ではスペイン語が話されている。

3 右の地図を見て，次の問いに答えなさい。

(1) オーストラリアの国土の大部分を占める気候を，次から1つ選びなさい。 （　　　　）

ア 熱帯　　イ 乾燥帯　　ウ 温帯

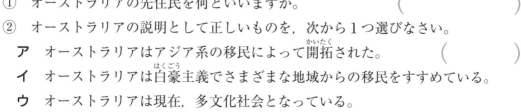

(2) 地図中の**A**で産出される鉱産資源を，次から1つ選びなさい。 （　　　　）

ア 鉄鉱石　　イ 石炭　　ウ 石油

(3) オーストラリアの民族について，次の問いに答えなさい。

① オーストラリアの先住民を何といいますか。 （　　　　　　　）

② オーストラリアの説明として正しいものを，次から1つ選びなさい。

ア オーストラリアはアジア系の移民によって開拓された。 （　　　　）

イ オーストラリアは白豪主義でさまざまな地域からの移民をすすめている。

ウ オーストラリアは現在，多文化社会となっている。

(4) オーストラリア以外でオセアニア州を構成する地域として誤っているものを，次から1つ選びなさい。 （　　　　）

ア インドネシア　　イ ミクロネシア　　ウ メラネシア　　エ ポリネシア

重要語句を書こう

なぞってから右のわくに書いてみよう。

- 熱帯　熱帯　1年を通して暑い気候帯。
- 乾燥帯　乾燥帯　1年を通して降水量の少ない気候帯。
- 温帯　温帯　四季の区別がある気候帯。
- 冷帯　冷帯　冬の寒さがとくに厳しい気候帯。
- 寒帯　寒帯　1年中雪や氷にとざされる気候帯。
- 遊牧　遊牧　牧草を求めて移動しながら行う牧畜。
- 混合農業　混合農業　ヨーロッパ州中北部で行われる農業。
- 希少金属　希少金属　レアメタルのこと。
- 適地適作　適地適作　環境に適した農作物を栽培する農業。
- 熱帯林破壊　熱帯林破壊　アマゾン川流域で深刻化している環境問題。
- 鉄鉱石　鉄鉱石　鉄の原料。オーストラリアやブラジルで産出。
- 多文化社会　多文化社会　多様な民族が共存し，たがいの文化を尊重。

2　世界のさまざまな地域

52

53ページの答え　①A ②C ③B

日本の特色と地域のようす

3

①日本で最も長い
　川は？

A　信濃川
　　しなのがわ
B　利根川
　　とねがわ
C　石狩川
　　いしかりがわ

この河川

②次の県のうち,
　冬に最も多く雪
　が降るのは？

A　宮城県
　　みやぎ
B　山梨県
　　やまなし
C　新潟県
　　にいがた

③再生可能エネル
　ギーではないの
　はどれ？

A　風力発電
B　火力発電
C　地熱発電

➡答えは52ページに

19 世界と日本の山地・河川

日本の自然と気候①

日本の地形は山がちで，山にふった雨は流れが急で短い川となって海に注いでいます。また，日本は，地震や火山も多い地域にあたります。

日本の渓谷

1 山地と河川の特色

山がちな日本

日本列島は中央に山地が連なり，山地は国土の75％を占めます。本州の中央部には，フォッサマグナという地形の境があります。

山がヨコ ← → 山がタテ
フォッサマグナ

日本の河川

最も長い川は長野県や新潟県を流れる信濃川。最も流域面積の大きい川は茨城県と千葉県の県境を流れる利根川。

信濃川
利根川

世界と日本の河川のちがい

世界の河川と比べると，日本の河川は短く，流れは急です。これは日本の国土がせまく，山がちなので，山から海の距離が近いためです。

そうなの？
日本の川は滝みたいデース!!

2 造山帯と日本

世界の中で，地震や火山の活動が活発な地域で，山地や山脈が連なるところを造山帯といいます。
日本は，環太平洋造山帯という，太平洋を取り囲む造山帯に属しており，世界の中でも地震が多い地域の1つです。

太平洋

太平洋

けわしい山脈・山地
▲ おもな火山
おもな地震の震源地

地理のひとこと （日本の2つの大きな河川）

長さは信濃川，流域面積は利根川。

覚えたい3つのことば

フォッサマグナ　信濃川　環太平洋造山帯

→答えは別冊 p.8

1 次の□□□にあてはまる語句をあとから選びなさい。

(1) 日本の本州は，日本アルプスの東側にある □□□□□□□□ を境として東西で地形が異なっています。

(2) 日本で最も流域面積が大きい河川は，関東地方を流れる □□□□□□□□ です。

(3) 日本の河川は，外国の河川に比べて，短くて流れが □□□□□□□□ です。

[　フォッサマグナ　　利根川　　信濃川　　ゆるやか　　急　　]

2 右の地図を見て，次の問いに答えなさい。

(4) 日本は地図中Aの造山帯に属し，山がちな地形が特^{とく}徴^{ちょう}です。この造山帯の名前を何といいますか。

□□□□□□□□□□

(5) 地図中の造山帯に多く集まっているものを次から2つ選びなさい。

□□□□□□□□□　　□□□□□□□□□

[　火山　　大きな河川　　台風　　地震の震源地^{しんげん}　　]

(6) 長野県と新潟県を流れる，日本で最長の河川の名前を答えなさい。

□□□□□□□□□□

⑳ 日本の平地・海岸地形

日本の自然と気候②

山や河川以外にも日本には特徴的(とくちょう)な地形が多くみられます。ここでは扇(せん)状地，三角州(じょうち さんかくす)，リアス海岸などの特徴ある地形について学びます。

上空から見た扇状地

1 日本の平地・海岸地形

扇状地	三角州	リアス海岸
川が山から平地に出たところに土砂を積もらせてできる，扇型の地形です。傾斜地(けいしゃち)で水はけが良いため，ぶどうやももなどの果樹栽培(かじゅさいばい)が盛んです。	川が河口に土砂を積もらせてできる，三角形の地形です。水田として利用されることが多い場所ですが，最近は市街地も発達しています。	山地が海岸にせまり，岬と湾(みさき わん)がのこぎりの歯のように入り組んだ地形です。波がおだやかなので，漁港や貝やわかめの養殖(ようしょく)などに利用されています。

土砂がたまってゆるやかな傾斜地に

川が運んだ土砂が河口に三角形にたまる

2 日本各地の有名な地形

扇状地，三角州，リアス海岸は各地で見られます。
扇状地は甲府盆地(こうふぼんち)，三角州は広島市，リアス海岸は三陸海岸(さんりく)や志摩半島(しま)などに見られます。
海岸線がまっすぐ続く九十九里浜(くじゅうくりはま)の砂浜海岸(すなはま)，鳥取平野(とっとり)の砂丘(さきゅう)なども，特徴的な地形です。

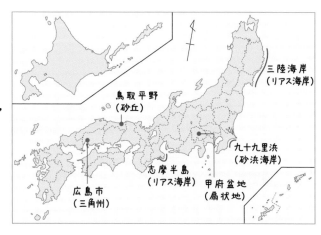

三陸海岸（リアス海岸）
鳥取平野（砂丘）
九十九里浜（砂浜海岸）
志摩半島（リアス海岸）
甲府盆地（扇状地）
広島市（三角州）

地理のひとこと （扇状地と三角州の違い）

扇状地は山地の近く，三角州は海の近く。

 **練習問題**

覚えたい3つのことば

扇状地　　三角州　　リアス海岸

➡答えは別冊 p.9

① 次の□□□にあてはまる語句をあとから選びなさい。

(1) 扇状地は，水はけの良い傾斜地で，ぶどうやももなどの〔　　　　　　〕栽培
が盛んです。

(2) 三角州は，川の〔　　　　　　〕に土砂が積もってできる，三角形の低い地形
です。

(3) リアス海岸は，山地が複雑に入り組んだ海岸地形で，〔　　　　　　〕や養殖
などに利用されます。

〔　　野菜　　果樹　　盆地　　河口　　漁港　　海水浴場　　〕

② 次の図を見て，あとの問いに答えなさい。

図1　　　　　　　　　図2 　　　　　　　　　図3

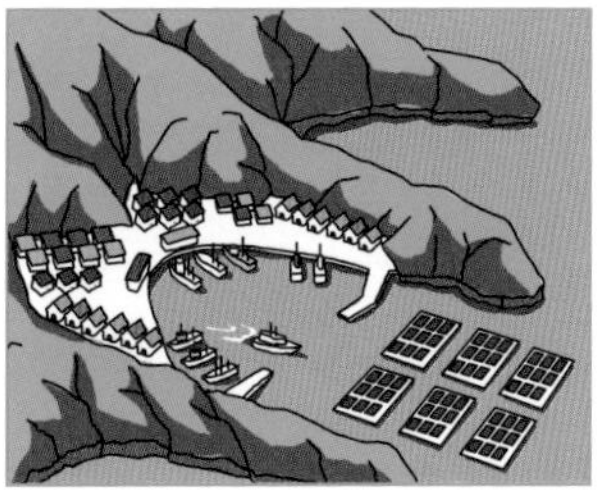

(4) 図1～3にあてはまる地形名を，それぞれ答えなさい。

1 〔　　　　　　　　〕　　　2 〔　　　　　　　　〕

3 〔　　　　　　　　〕

(5) 図1の地形が見られる東北地方の海岸は，天然の漁港として知られ，漁業や養殖が
盛んです。この海岸の名前を，次から1つ選びなさい。

〔　　　　　　　　〕

〔　　志摩半島　　三陸海岸　　九十九里浜　　鳥取砂丘　　〕

㉑ 日本の気候

日本は温帯の温暖湿潤気候に属します。島国で南北に長い日本は，地域によって多様な気候の特色を見せます。

日本海側の豪雪

🔟 日本の気候の特色

季節風の影響

日本には，季節によって風向きを変える季節風（モンスーン）がふきます。このため，気温や降水量など，四季の変化がはっきりしています。

冬は北西から

夏は南東から

日本海側の気候

日本海側は北西の季節風で冬に多く雪が降ります。この風は中央の山地で雪を降らせたあとは乾燥した風になって，太平洋側にふきます。

しめった風が日本海側に大雪を降らし…

乾燥した風になって太平洋側にふく

瀬戸内の気候

中国・四国地方の瀬戸内海沿岸は，夏も冬も季節風が山地にさえぎられるため，年間を通して降水量が少ない地域です。

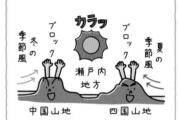

カラッ

ブロック　ブロック

冬の季節風　瀬戸内地方　夏の季節風

中国山地　　四国山地

🔟 日本の気候区分

①北海道の気候…冷帯で冬の寒さが厳しい。

②日本海側の気候…冬の降水量が多い。

③太平洋側の気候…夏の降水量が多い。

④内陸の気候…寒暖の差が大きく，降水量が少ない。

⑤瀬戸内の気候…寒暖の差が小さく，降水量が少ない。

⑥南西諸島の気候…年間を通して温暖。

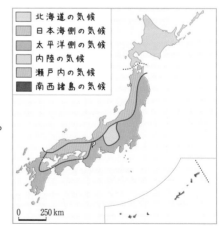

北海道の気候
日本海側の気候
太平洋側の気候
内陸の気候
瀬戸内の気候
南西諸島の気候

0　250km

地理のひとこと　（日本海側の気候の特色）

夏は乾燥し，冬に雪が多い。

覚えたい3つのことば

季節風　日本海側の気候　瀬戸内の気候

➡答えは別冊 p.9

1 次の　　　にあてはまる語句をあとから選びなさい。

(1) 日本の気候に影響をあたえる，季節で風向きを変える風を，　　　　　　　（モンスーン）といいます。

(2) 日本の中でも　　　　　　　は冷帯に属し，冬の寒さが厳しい気候です。

(3) 内陸の気候は，寒暖の差が大きく，1年を通して降水量が　　　　　　　といいうことが特色です。

[　偏西風　　季節風　　北海道　　南西諸島　　多い　　少ない　　]

2 右のグラフを見て，次の問いに答えなさい。

(4) グラフ1・2にあてはまる気候区分を，次からそれぞれ選びなさい。

1

2

[　太平洋側の気候　　日本海側の気候
　瀬戸内の気候　　北海道の気候　　]

グラフ1

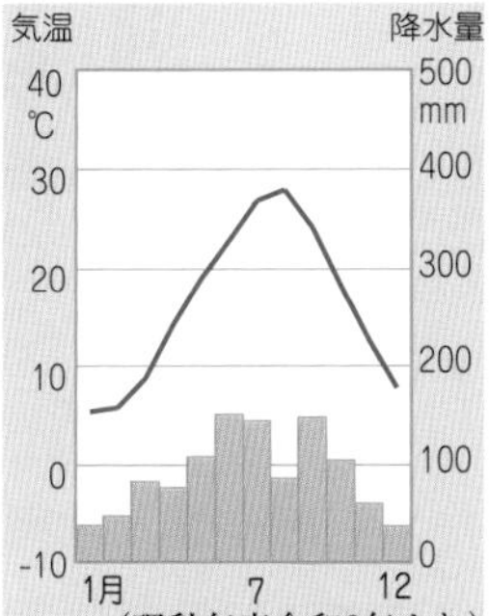

気温　　　　　　　降水量
40　　　　　　　　500
℃　　　　　　　　mm
30　　　　　　　　400
20　　　　　　　　300
10　　　　　　　　200
0　　　　　　　　100
-10　　　　　　　0
　　1月　　7　　12
（理科年表令和2年より）

グラフ2

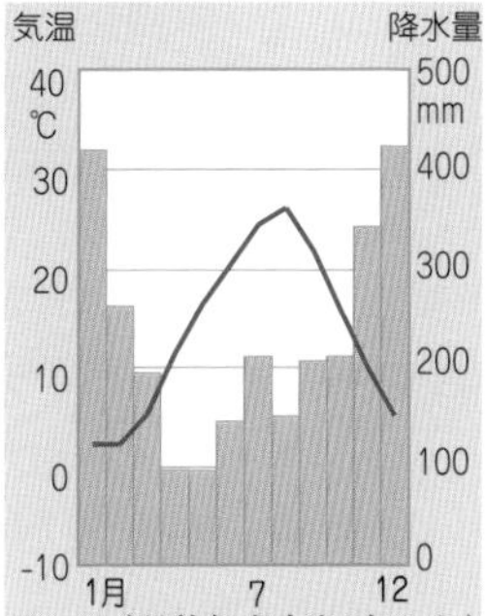

気温　　　　　　　降水量
40　　　　　　　　500
℃　　　　　　　　mm
30　　　　　　　　400
20　　　　　　　　300
10　　　　　　　　200
0　　　　　　　　100
-10　　　　　　　0
　　1月　　7　　12
（理科年表令和2年より）

(5) グラフ1の気候について，年間を通して他の地域より降水量が少ないのはなぜですか。次の　　　にあてはまる語句をあとから1つ選びなさい。

・夏と冬の両方の季節風ともに　　　　　　　にさえぎられるため。

[　河川　　山地　　盆地　　]

(6) グラフ2の気候について，冬に多くの降水量をもたらす季節風はどちらの方角からふきますか。次から1つ選びなさい。

[　北東　　南東　　南西　　北西　　]

22 日本の自然災害

環太平洋造山帯にある日本は，**火山の噴火**や**地震**の多い国です。このほかに夏から秋に多い**台風**など，さまざまな自然災害が起こっています。

桜島（鹿児島県）の噴火

① 日本の自然災害

火山の噴火

九州の雲仙普賢岳や桜島など，活動が活発な火山が多くあります。噴火は噴出物やばい煙をまき散らし，火砕流を発生させることもあります。

火山灰溶岩など　火砕流

地震

地震も多く発生します。2011年の東日本大震災では，海底で発生した地震が引き起こした津波で多くの被害を出しました。

台風・集中豪雨

初夏の梅雨で多く雨が降り，秋には台風が通過して大きな被害をもたらします。最近は都市部への豪雨で洪水などが起こることもあります。

② 災害の起こりやすい地域

冷害や，雨が少ないために農作物が被害を受ける干ばつなど，地域によりさまざまな自然災害が起こります。自然災害から身を守るために，身近な地域のハザードマップを調べておくことも大事です。

ハザードマップとは，災害が起こったときの被害予測や避難場所などを記した地図だよ。

地理のひとこと（関連する自然災害）
火山活動と地震は連動，地震と津波も連動。

覚えたい3つのことば

噴火　　地震　　台風

➡答えは別冊 p.9

1　次の　　　にあてはまる語句をあとから選びなさい。

(1)　九州の雲仙普賢岳では，かつて火山の噴火にともなう　　　　　　　　　で大き
な被害を出しました。

(2)　地震は，ゆれによる建物などの倒壊(とうかい)のほか，海底で起こると海岸部で

　　　　　　　　　による被害を出すことがあります。

(3)　近年では，都市部への　　　　　　　　　によって洪水などの被害も出ています。

[　　火砕流　　土石流　　津波　　高潮(たかしお)　　豪雨　　干ばつ　　]

2　次の①〜③は，日本の自然災害についての説明です。あとの問いに答えなさい。

①　九州の雲仙普賢岳や桜島など，日本は活動が活発な　　　　　　　　　が多く
あります。

②　日本は　　　　　　　　　の多い国で，それにともなう津波でも大きな被害を

出すことがあります。

③　日本は初夏に梅雨で多くの雨が降り，秋には　　　　　　　　　が通過して大
きな被害をもたらします。

(4)　①〜③の　　　にあてはまる語句を答えなさい。

(5)　①〜③のような自然災害に備えて，被害予測な
どを記した右のような地図の名前を，次から1つ
選びなさい。

　　　　　　　　　　　　　

[　地形図　　ルートマップ　　ハザードマップ　]

61

23 日本の人口と少子高齢社会

日本の人口と地域

日本の人口は現在1億2000万人以上いて，世界の中でも人口の多い国です。いっぽうで，**少子高齢社会**でもあり，さまざまな課題があります。

人が集中する東京

① 日本の人口の変化

少子高齢社会

日本は経済や医療の発展で，高齢化が進むいっぽう，出生数が減る少子高齢社会になっており，全体の人口も減りはじめています。

人口ピラミッド

年齢ごとの人口の割合を表したグラフを人口ピラミッドといい，社会のようすがわかります。下のような形を富士山型といい，発展途上国に多いタイプです。

富士山！

日本の人口の変化

戦前の日本の人口ピラミッドは富士山型でしたが，つりがね型を経て，現在はつぼ型に変わりました。少子高齢化が進んだためです。

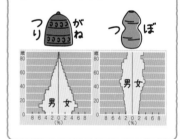

つりがね　　つぼ

② 日本の人口の集中

日本の人口は，東京，京阪神，名古屋の三大都市圏に集中し，これらの都市圏では人が多すぎる過密の問題が起こっています。

一方で地方の山間部や離島などでは若者が減っており，人口が減る過疎の問題が深刻です。

この地図を見ると，人口がどの地域に集中しているかわかるね。

1km²あたりの人口
■ 1000人以上
■ 100〜1000
■ 100人未満
□ 資料なし

（平成27年　国勢調査報告より）

札幌　新潟　相模原　北九州　岡山　名古屋　仙台　福岡　広島　京都　神戸　さいたま　東京　千葉　川崎　浜松　静岡　横浜　大阪　堺　熊本

0　　200km

地理のひとこと （日本の人口）

日本は少子高齢社会で，人口減少が課題。

練習問題

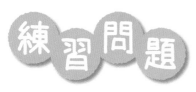

覚えたい3つのことば

少子高齢社会　人口ピラミッド　過疎

➡答えは別冊 p.9

1 次の［　　］にあてはまる語句をあとから選びなさい。

(1) 日本は，子どもの数が減る［　　　　］が進んだことで，近年は人口がわずかに減ってきています。

(2) 年齢ごとの人口の割合を表したグラフを人口［　　　　］といいます。

(3) 地方の山間部や離島などで深刻化しているのは，［　　　　］の問題です。

［　少子化　　高齢化　　トライアングル　　ピラミッド　　過密　　過疎　］

2 右のグラフを見て，次の問いに答えなさい。

(4) **グラフ１・２**の人口ピラミッドの型を，次からそれぞれ選びなさい。

グラフ1［　　　　］

グラフ2［　　　　］

グラフ1

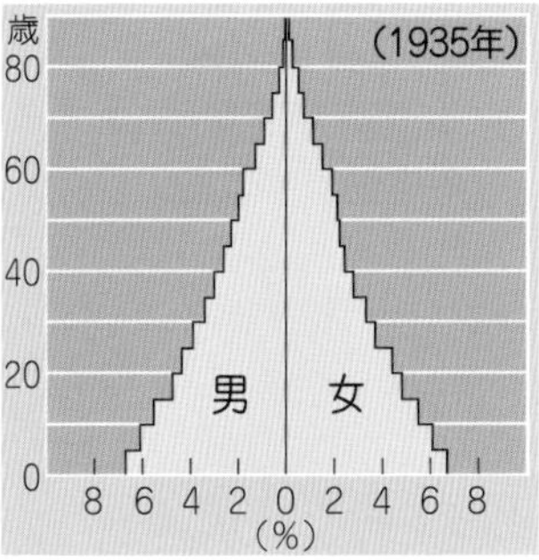
歳
80
60
40
20
0
(1935年)
男
女
8 6 4 2 0 2 4 6 8
(%)

グラフ2

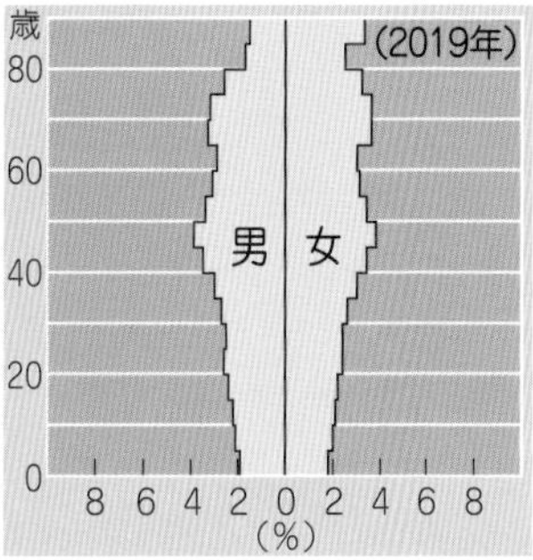
歳
80
60
40
20
0
(2019年)
男
女
8 6 4 2 0 2 4 6 8
(%)

［　つぼ型　　つりがね型　　富士山型　］

(5) **グラフ１**の人口ピラミッドの型は，発展途上国と先進国のどちらに多いタイプですか。

［　　　　］

(6) **グラフ２**の人口ピラミッドの型のような社会では，出生率(しゅっしょうりつ)が下がり，高齢者の人口割合が大きくなっています。このような社会を何といいますか。

［　　　　］

24 資源と日本の発電

日本の資源

日本は，エネルギーや工業に欠かせない石油や鉄鉱石などの鉱産資源に恵まれていません。必要な資源の多くは，外国からの輸入に頼っています。

風力発電の風車

1 資源とエネルギー

産油国の分布

石油を多く産出する国は，西アジアのペルシャ湾岸に集中しています。日本に近いロシアでも多く産出しています。

日本は火力発電中心

東日本大震災後に原子力発電が減り，石油・石炭・天然ガスによる火力発電が9割近くを占めます。環境への影響が心配されます。

地球温暖化
資源枯渇

安定しているよ！

持続可能な社会へ

風力や太陽光など再生可能エネルギーの利用や，限られた資源を有効に使うリサイクルの取り組みが進められています。

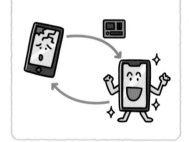

2 日本の資源の輸入相手国

日本の資源の輸入先

				カタール			
石油	サウジアラビア 35.7	アラブ首長国連邦 29.7	8.8	8.5	5.4	その他 11.8	

クウェート／ロシア

石炭	オーストラリア 58.8	インドネシア 11.9	ロシア 9.9	その他 19.4

鉄鉱石	オーストラリア 51.6	ブラジル 28.2	カナダ 7.7	その他 12.5

0　　　　　　　50　　　　　　　100%
(2019年)　　　　　　　　　　　　　　(貿易統計)

石油は西アジア，鉄鉱石はブラジルやオーストラリア，石炭は中国やオーストラリアなどで多く産出されており，日本はこれらの国々から資源を輸入しています。

鉱産資源のうち，石油・石炭などは，まとめて化石燃料といいます。

地理のひとこと （持続可能な社会）

再生可能エネルギーの利用が進められている。

覚えたい3つのことば

鉱産資源　火力発電　再生可能エネルギー

➡答えは別冊 p.10

1️⃣　次の◻◻◻にあてはまる語句をあとから選びなさい。

(1)　西アジアでも，とくに石油を多く産出する国は ◻◻◻◻ 湾の沿岸に集中しています。

(2)　石油や天然ガスなどの化石燃料を燃やして行う発電を，◻◻◻◻ といいます。

(3)　(2)の発電では，◻◻◻◻ などの環境への負担が問題点の1つです。

[　ペルシャ　　ロシア　　火力発電　　原子力発電　　安全性　　地球温暖化　]

2️⃣　次の①～③は，おもな発電方法の説明です。あとの問いに答えなさい。

①　石油や天然ガスなどを燃やして発電するため，地球温暖化や資源枯渇（こかつ）の問題があります。

②　東日本大震災のときの事故によって，安全性について議論が起き，安全の基準が見直されています。

③　大きな風車を使って行われている発電です。

(4)　②・③の発電方法をそれぞれ何といいますか。次からそれぞれ選びなさい。

②◻◻◻◻　　　③◻◻◻◻

[　火力発電　　原子力発電　　風力発電　　水力発電　]

(5)　①の下線部について，このような燃料を何といいますか，次から選びなさい。

[　バイオエタノール　　化石燃料　　核燃料　]　◻◻◻◻

(6)　③の発電や，太陽光発電のように，自然の力を使うことでくり返し利用できるエネルギーを何といいますか。

◻◻◻◻

まとめのテスト

→答えは別冊 p.10

1　次の図を見て，下の問いに答えなさい。

5点×5（25点）

(1)　山地が多い日本は，世界の中の何という造山帯に属していますか。

（　　　　　　　　）

図1

図2

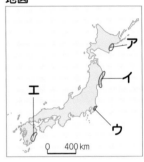

(2)　図1のような扇型の地形を何といいますか。

（　　　　　　　　）

(3)　(2)の地形の特色を利用して盛んに行われている農業を，次から1つ選びなさい。　（　　　　　）

ア　水田　　イ　野菜畑　　ウ　果樹園

(4)　図2のような山地が複雑に入り組んだ海岸地形を何といいますか。　（　　　　　　　　）

(5)　図2が見られる海岸を，地図中のア～エから1つ選びなさい。　（　　　　　）

地図

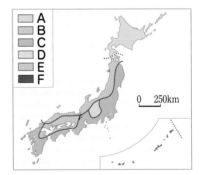

0　　400 km

2　右の地図やグラフを見て，次の問いに答えなさい。

5点×5（25点）

(1)　地図中のDの気候を何といいますか。

（　　　　　　　　）

(2)　グラフ1・2にあう気候の地域を，地図中A～Fから選びなさい。

グラフ1（　　　　　）

グラフ2（　　　　　）

(3)　次の説明にあてはまる気候を，地図中のA～Fからそれぞれ選びなさい。

①　夏は南東の季節風を直接受けるため雨が多く，冬は中央の山間部で雪を降らせたあとの季節風が吹くため，乾燥する。　（　　　　　）

②　世界の気候帯では冷帯に区分されており，冬の寒さが厳しい。　（　　　　　）

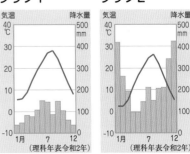

0　　250km

グラフ1　　　　　グラフ2

3 右のグラフを見て，次の問いに答えなさい。

グラフ1
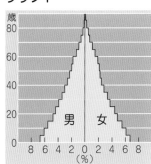

グラフ2
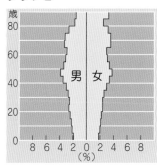

グラフ3
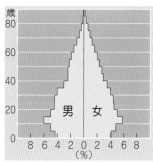

(1) グラフ1～3はすべての人口に占める年齢ごとの人口の割合を示しています。このようなグラフを何といいますか。

（　　　　　　　　）

(2) グラフ1にあてはまるグラフの型を，次から1つ選びなさい。 （　　　　　　）

ア 富士山型　　イ つりがね型　　ウ つぼ型

(3) グラフ1～3は日本の1935年，1965年，2019年のいずれかを示しています。2019年にあてはまるグラフを1つ選びなさい。 グラフ（　　　　　　）

(4) 現在の日本は，出生率が下がり，高齢者の人口割合が大きくなっています。このような社会を何といいますか。 （　　　　　　　　）

4 右の写真を見て，次の問いに答えなさい。 6点×5（30点）

写真1

(1) 写真1と写真2の発電方法をそれぞれ何といいますか。

写真1（　　　　　　　）
写真2（　　　　　　　）

(2) 写真1の発電では，燃料として石油を使うことがあります。日本はこの石油を主にどこの国から輸入していますか。あてはまるものを次から2つ選びなさい。

（　　　　　　　）
（　　　　　　　）

写真2

ア サウジアラビア　　イ オーストラリア
ウ アラブ首長国連邦　　エ ブラジル

(3) 写真1の発電で燃料を燃やすことなどによって起こる地球規模の環境問題を答えなさい。

（　　　　　　　）

25 日本の農業

日本の農業は稲作（いなさく）が中心ですが，各地で気候や地形などを生かした特色ある畑作・果樹栽培（かじゅさいばい）・畜産業（ちくさんぎょう）が行われています。

みかんの収穫（愛媛県）

1 日本の稲作と畑作の特色

稲作の盛んな地域

日本で稲作が盛んな地方は東北地方や新潟県（にいがた）などです。これらの地方では，コシヒカリやあきたこまちなどの銘柄米（めいがらまい）も生産されています。

促成栽培（そくせい）と抑制栽培（よくせい）

宮崎平野（みやざき）や高知平野（こうち）では，温暖な冬を生かした野菜の促成栽培が，長野県（ながの）や群馬県（ぐんま）の高原では，涼しい夏（すず）を生かした抑制栽培が盛んです。

涼しい気候で夏にはくさいキャベツ

温暖な気候で冬にピーマンきゅうり

抑制

促成

近郊農業（きんこう）

大都市圏（だいとしけん）の周辺では，新鮮（しんせん）なうちに野菜を出荷する近郊農業（ばらき）が盛んです。千葉県（ちば）や茨城県（いばらき）などで収穫された野菜は，その日のうちに都市部のお店に並ぶものも多いです。

すぐに店頭に

とれたてほうれんそう

2 日本の果樹栽培や畜産の特色

りんご
青森
岩手
涼しい気候
長野
和歌山
静岡
愛媛
みかん
温暖な気候
宮崎
鹿児島
九州南部は畜産業がさかん

みかんは温暖な西南日本（和歌山県（わ）・愛媛県（えひめ）など）を中心に栽培される一方で，りんごは涼しい東北や山地（青森県（あおもり）・長野県など）で盛んに栽培されます。畜産業は鹿児島県（かごしま）や宮崎県で盛んです。

地理のひとこと （気候を利用した野菜の栽培）

温暖な地域は促成，涼しい地域は抑制。

覚えたい3つのことば

促成栽培　　抑制栽培　　近郊農業

➡答えは別冊 p.10

1 次の ▢ にあてはまる語句をあとから選びなさい。

(1) 日本の稲作が盛んな地域は，東北地方や ▢ などです。

(2) 長野県や群馬県の高原で，夏の涼しい気候を利用した農業を ▢ といいます。

(3) 日本の畜産が盛んな地域は， ▢ や宮崎県などです。

[　新潟県　　沖縄県（おきなわ）　　促成栽培　　抑制栽培　　高知県　　鹿児島県　　]

2 次の①～③は，日本の農業に関する説明です。あとの問いに答えなさい。

① 稲作の盛んな東北地方や新潟県では，<u>コシヒカリやあきたこまちなどの産地が登録され，優れた性質を持つ品種が多く栽培されています。</u>

② 冬でも温暖な宮崎平野や高知平野では，夏の野菜を冬から春にかけて出荷しています。

③ 千葉県や茨城県など大都市の周辺では，新鮮な野菜を出荷する農業が盛んです。

(4) ②・③の農業をそれぞれ何といいますか。次からそれぞれ選びなさい。

② ▢　　　③ ▢

[　抑制栽培　　促成栽培　　近郊農業　　混合農業　　]

(5) ①の下線部について，このような米を何といいますか。次から選びなさい。

[　品質米　　銘柄米　　特殊米　　] ▢

(6) 青森県，長野県などで栽培の盛んな果樹は，りんごとみかんのどちらですか。

▢

26 日本の工業

日本の産業②

日本の工業は，かつて太平洋ベルトを中心とした臨海部で発達してきましたが，現在では交通網が整備された内陸部にも工場が進出しています。

自動車工場の様子

1 日本の工業の特色

高度経済成長

日本の重工業が発達したのは，1950年代後半～1973年の高度経済成長のころです。原料を輸入して製品を輸出する加工貿易で大きく発展しました。

経済成長 → 輸出

中京工業地帯

日本最大の工業地帯は，愛知県と三重県にまたがる中京工業地帯です。豊田市などで生産される自動車の割合が大きいのが特色です。

四日市 名古屋 豊田

日本一の出荷数

産業の空洞化

日本企業は，中国や東南アジアに工場を移転することが増え，国内での産業や技術が育たなくなるなどの問題が生まれています。

雇用や技術は海外へ

失業 閉鎖

2 主な工業地帯・工業地域

近年では内陸部に工業団地が進出し，北関東工業地域も生まれています。

東北地方や九州地方では高速道路沿いに，IC（集積回路）を生産する工場も進出しています。

高速交通網や空港が整備されて，輸送が便利になったからだね。

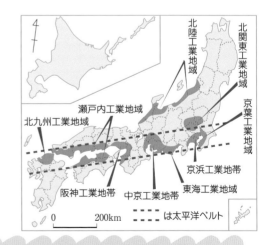

北陸工業地域　北関東工業地域　京葉工業地域　瀬戸内工業地域　北九州工業地域　京浜工業地帯　阪神工業地帯　中京工業地帯　東海工業地域

0　200km　------ は太平洋ベルト

地理のひとこと （日本の工業の変化）

加工貿易で発展，近年は高度な技術を生かす。

覚えたい3つのことば

加工貿易　太平洋ベルト　産業の空洞化

➡答えは別冊 p.11

1 次の□□□にあてはまる語句をあとから選びなさい。

(1) 日本の重工業は特に高度経済成長のころに □□□□□□□□ で大きく発達しました。

(2) 中京工業地帯は，豊田市などで生産される □□□□□□□□ の出荷割合が大きいのが特色です。

(3) 日本企業の工場が海外に移転しているため，産業の □□□□□□□□ という問題が起こっています。

[　加工貿易　産業革命　鉄鋼　自動車　多国籍化^{た こくせき か}　空洞化　]

2 右の地図を見て，次の問いに答えなさい。

(4) 地図中のＡは，日本最大の工業地帯・地域です。この工業地帯・地域の名前を答えなさい。

□□□□□□□□

(5) 地図中のＢは，日本の臨海型^{りんかい}の工業地域が帯状に連なったものです。これを何といいますか。

□□□□□□□□

(6) 次の①・②にあてはまる工業地帯・地域を，地図中から選んで答えなさい。
① 東京^{とうきょう}，川崎市^{かわさき}，横浜市^{よこはま}などの東京湾沿岸^{わん}に連なった工業地帯・地域です。

□□□□□□□□

② 埼玉県^{さいたま}，群馬県^{ぐんま}，栃木県^{とちぎ}などの内陸部に工業団地が進出して形成された工業地帯・地域です。

□□□□□□□□

地図内のラベル:

B

北関東工業地域
京葉工業地域
北陸工業地域
瀬戸内工業地域
北九州工業地域
京浜工業地帯
東海工業地域
阪神工業地帯
A

0　200km

27 貿易・運輸とインターネット

日本の運輸，貿易と通信

運輸や旅客には自動車や船のほか，鉄道や航空機も使われています。また，**インターネット**の普及により通信手段も変わってきています。

東海道新幹線の開通（1964年）

❶ 日本の貿易・運輸・通信の特色

船舶と航空機

国内の輸送は，トラックが中心です。貿易では，船舶のほか，軽量で高額な精密機械の輸送には航空機もよく使われています。

小さくて軽い高価なもの
大きくて重いもの

人の移動手段

大都市圏の通勤・通学のように近い距離の移動は鉄道・バスや自動車が使われます。長い距離は新幹線や航空機が中心です。

インターネット

通信手段としてインターネットが広まり，大量の情報を瞬時に伝えることができるようになりました。スマートフォンは一般化していますが，情報の格差も課題です。

インターネット

❷ 日本の高速交通網

日本の新幹線や高速道路などの高速交通網は，1964年の東京オリンピックのころから発達しました。
大都市を中心に放射状にのびており，地域の移動にかかる時間が減ってきています。

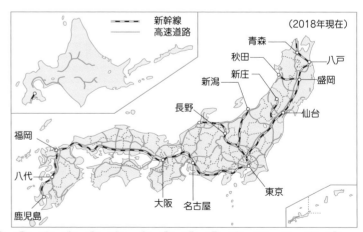
新幹線
高速道路
（2018年現在）
青森　秋田　八戸　新庄　盛岡　新潟　長野　仙台　福岡　八代　鹿児島　大阪　名古屋　東京

地理のひとこと（交通の使い分け）

航空機は軽くて高価なものを運ぶ。

覚 えたい3つのことば

新幹線　航空機　インターネット

➡答えは別冊 p.11

1 次の◻︎にあてはまる語句をあとから選びなさい。

(1) 航空機による輸送では，軽量で高額な ◻︎ などが運ばれます。

(2) 1990年代に ◻︎ が普及し，大量の情報を瞬時に伝える

ことができるようになりました。

(3) (2)は，◻︎ やタブレットなどでも広く利用されています。

[精密機械　　自動車　　インターネット　　スマートフォン]

2 次の①〜③は，さまざまな運輸・貿易に関する説明です。あとの問いに答えなさい。

① 自動車や石油，鉄鉱石などの資源は，海外との貿易に ◻︎ が使

われます。

② コンピューターの部品や精密機械は，海外との貿易に ◻︎ が使

われます。

③ 日本の高速交通網は，1964年の東京オリンピック以降に発達しました。

(4) ①・②の◻︎にあてはまる輸送手段を，次からそれぞれ選びなさい。

[船舶　　航空機　　自動車]

(5) 大都市圏での通勤・通学などの短い距離の移動では，バスや自動車のほか，どのような交通手段が利用されますか。

◻︎

(6) ③の下線部について，1964年に東京・新大阪間で開通した鉄道を何といいますか。

◻︎

まとめのテスト

➡答えは別冊 p.11

1 右の地図を見て，次の問いに答えなさい。

5点×5（25点）

(1) 人口の多い大都市に向けて新鮮な野菜を出荷している農業を何といいますか。

（　　　　　　　　）

(2) (1)の農業が盛んと考えられる県を，地図中の**A**～**D**から1つ選びなさい。

（　　　　　　　　）

(3) 地図中の高知平野や宮崎平野で行われている，温暖な気候を利用して夏の野菜を冬から春にかけて出荷する農業を何といいますか。

（　　　　　　　　）

(4) 地図中の，長野県や群馬県の高原で盛んな農業について，正しいものを次から2つ選びなさい。（　　　　）（　　　　）

ア きびしい気候を生かして，冬に野菜を出荷している。

イ 涼しい気候を生かして，夏に野菜を出荷している。

ウ ほかの産地の出荷が少ない時期に合わせて野菜を出荷している。

エ 温暖な気候を生かして，冬に野菜を出荷している。

2 右の地図を見て，次の問いに答えなさい。

5点×5（25点）

(1) 地図中の北海道と新潟県は，ある農産物の生産量の上位2位の道県です。この農産物は何ですか。

（　　　　　　　　）

(2) 地図中の**A**～**C**で生産量が多い農産物を次からそれぞれ選びなさい。　**A**（　　　　　）

B（　　　　　）**C**（　　　　　）

ア りんご　**イ** みかん

ウ 小麦　**エ** 豚

(3) コシヒカリやあきたこまちなど，性質が優れていて産地と結びついている米を何といいますか。

（　　　　　　　　）

3 右の地図を見て，次の問いに答えなさい。

6点×5（30点）

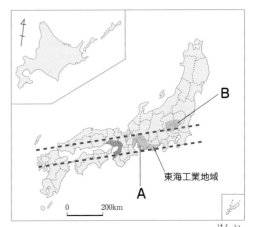

(1) 地図中A・Bの工業地帯・工業地域名をそれぞれ答えなさい。

A（　　　　　　　）

B（　　　　　　　）

(2) 日本の工業地帯や工業地域では，1950年代半ば〜1973年にかけて，重工業が大きく発展しました。この経済発展の時期を何といいますか。

（　　　　　　　）

(3) (2)の発展を支えた工業地帯・工業地域が帯のように連なる，地図中の┄┄┄┄┄の範囲をまとめて何といいますか。

（　　　　　　　）

(4) 近年日本で深刻化した，産業の空洞化（くうどうか）の原因として正しいものを，次から1つ選びなさい。

（　　　　　　　）

ア 臨海部の工場が内陸部に移転している。

イ 日本の工場が海外に移転している。

ウ 農地や漁港の近くに工場が移転している。

4 次の各問いに答えなさい。

5点×4（20点）

(1) 次の貿易品の中で，航空機による輸出・輸入に適しているものを次から1つ選びなさい。

（　　　　　　　）

ア 集積回路　　イ 自動車　　ウ 石油

(2) 日本の国内の人の移動について，長い距離（きょり）の移動によく使われる交通手段を，次から1つ選びなさい。

（　　　　　　　）

ア 自動車　　イ バス　　ウ 新幹線

(3) パソコンやスマートフォンなどを利用して，大量の情報を瞬時（しゅんじ）に伝えることができる通信を何といいますか。

（　　　　　　　）

(2019年5月現在)

(4) 右の地図を見て，日本の高速交通網についてあてはまらないものを次から1つ選びなさい。

（　　　　　　　）

ア 地方の農村部をつなぐように発達している。

イ 大都市間をつなぐように放射状に発達している。

ウ 都市と都市との移動にかかる時間が短くなった。

特集　重要語句を書こう

⭐なぞってから右のわくに書いてみよう。

語句	なぞり	説明
造山帯（ぞうざんたい）	造山帯	火山や地震の活動が盛んな地帯。
信濃川（しなのがわ）	信濃川	日本最長の川。
扇状地（せんじょうち）	扇状地	河川がつくる扇形の傾斜地。
少子高齢化（しょうしこうれいか）	少子高齢化	日本で深刻になっている人口問題。
過疎（かそ）	過疎	地域の人口が減ることによって起こる問題。
火力発電（かりょくはつでん）	火力発電	天然ガスや石油などによる発電。
地球温暖化（ちきゅうおんだんか）	地球温暖化	地球の気温が上昇する環境問題。
促成栽培（そくせいさいばい）	促成栽培	温暖な気候を利用した農業。
抑制栽培（よくせいさいばい）	抑制栽培	夏の涼しい気候を利用した農業。
近郊農業（きんこうのうぎょう）	近郊農業	大都市の近くで新鮮な野菜を出荷する農業。
高度経済成長（こうどけいざいせいちょう）	高度経済成長	1950年代〜73年の経済成長。
産業の空洞化（さんぎょうのくうどうか）	産業の空洞化	工場の海外移転で日本の産業が衰退。
東海道新幹線（とうかいどうしんかんせん）	東海道新幹線	1964年に開通。

日本の
さまざまな地域

4

①写真のさんご礁を観光に生かす都道府県はどこ?

A 福岡県
ふくおか

B 長崎県
ながさき

C 沖縄県
おきなわ

②写真の日本アルプスがあるのは何地方?

A 近畿地方
きん き

B 中部地方
ちゅう ぶ

C 関東地方
かんとう

③東北地方の中心都市はどこ?
とうほく

A 盛岡市
もりおか

B 札幌市
さっぽろ

C 仙台市
せんだい

➡答えは76ページに

28 九州地方の都市・自然

西南日本①

九州地方は，九州の7つの県と沖縄県からなります。温暖な気候と豊かな自然に恵まれていますが，台風や火山などの災害も起こります。

屋久島の縄文杉

1 九州地方のすがた

中心都市・福岡市

九州地方の中心都市は福岡市です。北九州市（福岡県）や熊本市とともに，政令指定都市となっています。

中心都市は福岡市　北九州市　福岡市　熊本市

豊かな自然

沖縄県に見られるさんご礁の海岸，世界遺産の屋久島（鹿児島県）など，豊かな自然に恵まれた九州地方では観光業も盛んです。

屋久島の縄文杉

火山の多い九州

桜島（鹿児島県）や雲仙普賢岳（長崎県）など，現在も活動中の火山が多く見られます。阿蘇山（熊本県）には世界最大規模のカルデラが見られます。

火山の副産物として九州は温泉も豊富

2 九州地方の県と都市

福岡県，佐賀県，長崎県，大分県，熊本県，宮崎県，鹿児島県は県名と県庁所在地名が同じです。沖縄県の県庁所在地は那覇市です。

沖縄県以外はすべて県名と県庁所在地名が同じなので，覚えやすいね。

地理のひとこと （阿蘇山の噴火でできた地形）

九州地方の中央には大きなくぼ地のカルデラ。

78

➡答えは別冊 p.12

覚 えたい3つのことば

屋久島　　カルデラ　　那覇市

1 次の◻◻にあてはまる語句をあとから選びなさい。

(1) 九州地方の政令指定都市は，福岡市と北九州市と◻◻◻◻◻です。

(2) 自然が豊かな屋久島は，◻◻◻◻◻に登録されています。

(3) 九州地方で県名と県庁所在地名が異なるのは，沖縄県の◻◻◻◻◻です。

[　熊本市　　長崎市　　世界遺産　　国宝　　名護市(なご)　　那覇市　]

2 右の地図を見て，次の問いに答えなさい。

(4) Aは九州地方の中心都市です。この都市名を答えなさい。◻◻◻◻◻

(5) Bの島は縄文杉などの豊かな自然で知られ，世界遺産にも登録されています。この島を次から1つ選びなさい。◻◻◻◻◻

[　種子島(たねがしま)　　対馬(つしま)　　屋久島　　与那国島(よなぐにじま)　]

(6) 地図中の▲について，次の文の空欄にあてはまる語句をあとから選びなさい。

・▲は，九州地方の主な◻◻◻◻◻の分布を示しています。

なかでもあの阿蘇山は，世界最大の◻◻◻◻◻をもつものとして知られています。

[　火山　　氷山　　扇状地(せんじょうち)　　カルデラ　]

29 九州地方の産業

西南日本②

九州地方は，温暖な気候を生かした農業や，鹿児島県や宮崎県の畜産業が盛んです。工業は鉄鋼業から機械工業へと転換が進められています。

沖縄県の伝統的な家

1 九州地方の産業の特色

北九州の鉄鋼業

明治時代の八幡製鉄所の創業以来，北九州は日本の鉄鋼業の中心として栄えましたが，炭鉱の閉山や金属工業の衰退とともに衰えました。

エコタウン

鉄鉱業や化学工業で発生した公害の教訓を生かし，北九州市や水俣市は，環境保全に積極的に取り組む「エコタウン」に選ばれています。

沖縄県の観光業

独特の文化やさんご礁の美しい海を観光資源として，観光業が盛んです。一方で，県内の土地の多くを占めるアメリカ軍基地の問題もあります。

2 九州地方の農業と畜産業

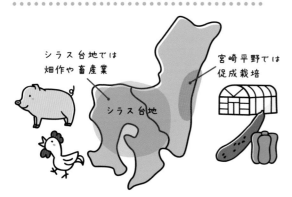

シラス台地では畑作や畜産業

宮崎平野では促成栽培

宮崎平野では，ビニールハウスを利用した野菜の促成栽培が盛んです。沖縄県ではさとうきびやパイナップルが栽培されています。また，鹿児島県や宮崎県のシラス台地では肉牛，豚，にわとりなどの畜産業が盛んです。

地理のひとこと （畑作や畜産が盛んなシラス台地）

シラス台地は，火山灰土の地形

 練習問題

覚えたい3つのことば

八幡製鉄所　エコタウン　シラス台地

➡答えは別冊 p.12

１ 次の ⬚ にあてはまる語句をあとから選びなさい。

(1) 北九州工業地域は明治時代以来, ⬚ で栄えました。

(2) 九州には先進的なリサイクルの技術や ⬚ 保全の取り組みからエコタウンに認定されている都市があります。

(3) 観光業が盛んな沖縄県は, 一方でアメリカ軍の ⬚ の問題をかかえています。

[　機械工業　　鉄鋼業　　環境　　公害　　化学　　領土　　基地　　]

２ 右の地図を見て, 次の問いに答えなさい。

(4) 地図中の**A**について, 次の文の ⬚ にあてはまる語句を, あとからそれぞれ選びなさい。

・**A**は ⬚ とよばれる火

山灰土による台地です。この地域では, 畑作のほ

か ⬚ が盛んです。

[　カルデラ　　シラス　　果樹栽培　　畜産業　]

(5) 野菜の促成栽培がさかんな地図中**B**の平野名を答えなさい。

⬚

(6) 地図中**C**の北九州には, 明治時代に製鉄所がつくられて以来, 鉄鋼業が栄えました。この製鉄所の名前を答えなさい。

⬚

81

30 中国・四国地方の都市・自然

西南日本③

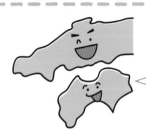

中国・四国地方は，中国地方の5県，四国地方の4県の計9県からなります。これらの地域は瀬戸内海を取り囲んでいます。

讃岐平野のため池

1 中国・四国地方のすがた

中心都市・広島

中国・四国地方の中心都市は広島市（広島県）です。他に岡山市（岡山県）が政令指定都市となっています。

広島
岡山
瀬戸内海
高松

山陰・瀬戸内・南四国

大きく中国地方と四国地方の2つに分かれますが，さらに北から山陰，瀬戸内，南四国の3つに区分されることもあります。

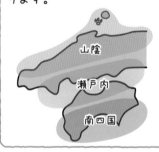

山陰
瀬戸内
南四国

瀬戸内の気候

瀬戸内は，年間を通して降水量が少ない気候です。そのため，讃岐平野（香川県）には（農業用の）ため池が多く見られます。

2 中国・四国地方の県と都市

鳥取県，岡山県，広島県，山口県，徳島県，高知県は県名と県庁所在地名が同じです。島根県は松江市，香川県は高松市，愛媛県は松山市が県庁所在地です。

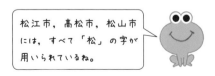

松江市，高松市，松山市には，すべて「松」の字が用いられているね。

松江　鳥取県　鳥取
島根県
　　　　　　岡山県
広島県　　岡山
山口県　　　　香川県　高松
　山口　　　　　　徳島県
　　　　　　　　　徳島
　　　松山　　高知
愛媛県　　高知県

○県庁所在地
0　　50km

地理のひとこと （瀬戸内を形成する地形）

瀬戸内は，中国山地と四国山地の間。

覚えたい３つのことば

山陰　瀬戸内　南四国

➡答えは別冊 p.12

1 次の□□□にあてはまる語句をあとから選びなさい。

(1) 中国・四国地方を大きく３つに分けたとき，日本海側は □□□□□ とよばれます。

(2) 瀬戸内の気候に属する香川県の讃岐平野では，水不足に備え □□□□ が多くつくられました。

(3) 中国・四国地方で県名と県庁所在地が異なるのは，島根県の松江市，香川県の高松市と，愛媛県の □□□□□ です。

[　山陰　　瀬戸内　　ダム　　ため池　　今治市(いまばり)　　松山市　]

2 右の地図を見て，次の問いに答えなさい。

(4) 地図中の赤字で示した３つの地域のうち，年間を通して降水量が少ないのはどれですか。１つ選びなさい。

□□□□□

(5) 地図中のAは，中国・四国地方の中心都市です。この都市名を答えなさい。

□□□□□

(6) 地図中B・Cは，それぞれ島根県と香川県の県庁所在地を示しています。それぞれの都市名を次から選びなさい。

[　高松市　　松江市　　松山市　　松本市　]

B □□□□□　　　　C □□□□□

③1 中国・四国地方の産業

西南日本④

瀬戸内工業地域を中心に工業が発達しており，この地域に人口が集中しています。一方で山陰や南四国などでは過疎化が問題となっています。

瀬戸大橋

① 中国・四国地方の産業

瀬戸内工業地域

瀬戸内海の沿岸部に発達した工業地域で，倉敷市（岡山県）で石油化学工業，広島県で自動車工業が盛んです。

広島　福山　倉敷

促成栽培と砂丘地農業

高知平野の温暖な気候を利用した促成栽培が盛んです。鳥取平野の砂丘ではらっきょうなどが栽培されています。

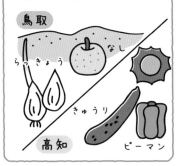

鳥取
らっきょう　なし
高知　きゅうり　ピーマン

過疎問題

人口は瀬戸内地域に集中しています。山陰や南四国では，若い人口が流出しており，過疎問題が深刻化しています。

若い者がいなくなってしまった
人口は瀬戸内に集中
町おこしをしよう！

② 中国・四国地方の交通網

1990年前後に本州と四国を３つのルートで結ぶ本州四国連絡橋があいついで完成しました。橋を使って通勤・通学をしたり，観光に生かすなど，産業や人の流れに大きな影響を与えました。また，中国自動車道などの高速道路網も整備されています。

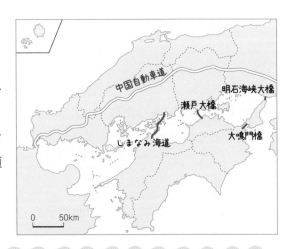

中国自動車道
明石海峡大橋
瀬戸大橋
しまなみ海道
大鳴門橋
0　50km

地理のひとこと（瀬戸内の果樹栽培）

愛媛はみかん，岡山はもも。

練習問題

覚 えたい3つのことば

瀬戸内工業地域　過疎　本州四国連絡橋

➡答えは別冊 p.12

1 次の□□□にあてはまる語句をあとから選びなさい。

(1) ［　　　　　　　　　　　］工業地域では，倉敷市の石油化学工業や広島県の自動車工業

などに特色があります。

(2) 高知平野では，温暖な気候を利用した［　　　　　　　　　　　］が盛んです。

(3) ［　　　　　　　　　　　］平野では，砂丘地でらっきょうが栽培されています。

[　　山陰　　瀬戸内　　抑制栽培　　促成栽培　　鳥取　　讃岐（さぬき）　　]

2 右の地図を見て，次の問いに答えなさい。

(4) 地図中のA～Cは，本州四国連絡橋
を示しています。これらの連絡橋のう
ち，Bの名前を次から選びなさい。

［　　　　　　　　　　　　　　　］

[　明石海峡大橋（あかしかいきょうおおはし）　　瀬戸大橋（せと）

しまなみ海道　　]

(5) 地図中のDの都市では，石油化学コンビナートが発達し，瀬戸内工業地域の中心の
1つとなっています。この都市名を答えなさい。　［　　　　　　　　　　　　　　　］

(6) 次の□□□にあてはまる語句を，それぞれ答えなさい。

・地図中の瀬戸内地域には人口が集中していますが，山陰や［　　　　　　　　　　　］で

はとくに若い人口が流出しており，［　　　　　　　　　　　］問題が深刻化しています。

まとめのテスト

勉強した日	得点
月　　日	／100点

➡答えは別冊 p.13

1 **右の地図を見て，次の問いに答えなさい。**　　　5点×5（25点）

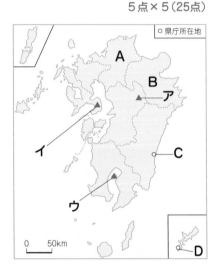

(1) A・Bの県名をそれぞれ答えなさい。

　　　　　　　　　　A （　　　　　　　）

　　　　　　　　　　B （　　　　　　　）

(2) C・Dの県庁所在地名を，それぞれ答えなさい。

　　　　　　　　　　C （　　　　　　　）

　　　　　　　　　　D （　　　　　　　）

(3) 世界最大級のカルデラを持つ阿蘇山（あそさん）の位置を，**地図中のア～ウから1つ選びなさい。**

　　　　　　　　　　　　　　　　（　　　　　　　）

2 **右の地図を見て，次の問いに答えなさい。**　　　5点×5（25点）

(1) **地図中のAの北九州市（きたきゅうしゅうし）は，明治（めいじ）以来どのような工業の日本の中心地となりましたか。次から1つ選びなさい。**　　（　　　　　　　）

　ア　食品工業　　イ　化学工業

　ウ　鉄鋼業（てっこう）

(2) **地図中のBとCの地域の農業の説明として正しいものを，次からそれぞれ選びなさい。**

　　　　　　B （　　　　　）　　C （　　　　　）

　ア　稲作（いなさく）が盛んで，米の二期作（にきさく）が行われている。

　イ　火山灰土の積もった台地で，畜産（ちくさん）や畑作が行われている。

　ウ　亜熱帯（あねったい）の気候を利用して，さとうきびやパイナップルが栽培（さいばい）されている。

　エ　温暖（おんだん）な気候を利用して，野菜の促成栽培（そくせい）が行われている。

(3) **地図中のDの沖縄県（おきなわ）では，どこの国の軍の基地の存在が問題となっていますか。国名で答えなさい。**　　（　　　　　　　）

(4) **世界遺産（いさん）に登録されている屋久島（やくしま）を，地図中のア～エから1つ選びなさい。**

　　　　　　　　　　　　　　　　（　　　　　　　）

3 右の地図を見て，次の問いに答えなさい。
5点×5（25点）

(1) A・Bの県名をそれぞれ答えなさい。

A（　　　　　）

B（　　　　　）

(2) C・Dの県庁所在地名を，それぞれ答えなさい。

C（　　　　　）

D（　　　　　）

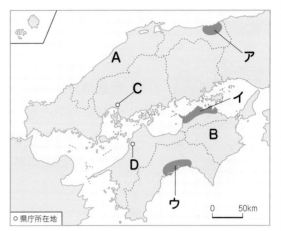

(3) 降水量（こうすいりょう）が少ない気候のため，ため池が多く見られる平野を，**地図中のア〜ウ**から1つ選びなさい。

（　　　　　）

4 右の地図を見て，次の問いに答えなさい。
5点×5（25点）

(1) **地図中のA**の倉敷市（くらしき）は，どのような工業が盛んですか。次から1つ選びなさい。

（　　　　　）

ア　食品工業

イ　化学工業

ウ　自動車工業

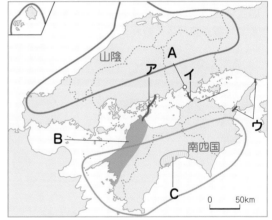

(2) **地図中のBとC**の地域の農業の説明として正しいものを，次からそれぞれ選びなさい。

B（　　　　　）　　C（　　　　　）

ア　ももの栽培が盛んである。

イ　みかんの栽培が盛んである。

ウ　砂丘地（さきゅう）でらっきょうなどが栽培されている。

エ　温暖な気候を利用して，野菜の促成栽培が行われている。

(3) **地図中の**山陰（さんいん）や南四国（みなみしこく）で深刻化（しんこくか）している，人口減（いじ）により地域の共同体を維持していくことが難しくなる問題を何といいますか。

（　　　　　）

(4) 本州四国連絡橋（れんらくきょう）のうち，しまなみ海道を**地図中のア〜ウ**から1つ選びなさい。

（　　　　　）

32 近畿地方の都市・自然

中央日本①

近畿地方は，古くからの日本の政治や産業の中心地です。古都の奈良や京都，経済の中心として発展した大阪などの歴史のある都市があります。

上空からみた京都市

1 近畿地方のすがた

古都の町なみ

奈良市や京都市は古代に都が置かれ，現在も古都の町なみを残しています。世界遺産や国宝などに指定された寺院も多く，観光客が多く訪れます。

京阪神大都市圏

近畿地方は古都・京都，経済の中心・大阪，港町・神戸の三都市を中心に京阪神大都市圏を形成しています。

琵琶湖

滋賀県の琵琶湖は，日本最大の湖です。琵琶湖やそこから流れ出す淀川の水を生活用水に使っているため，「京阪神の水がめ」ともよばれます。

多くの人々の生活用水

環境保全のためりんを含む合成洗剤を禁止

2 近畿地方の府県と都市

京都府，大阪府，奈良県，和歌山県は府県名と府県庁所在地名が同じです。三重県は津市，滋賀県は大津市，兵庫県は神戸市が県庁所在地です。

三重県の津市は，日本で唯一の1文字の県庁所在地名。また，神戸市は，日本有数の貿易港として発展しました。

○県庁所在地

兵庫県　京都府　滋賀県　京都○　○大津　神戸○　○大阪　○津　奈良　大阪府　三重県　奈良県　○和歌山　和歌山県

0　50km

地理のひとこと （近畿地方の府県）

近畿地方には２つの府（京都府，大阪府）。

➡答えは別冊 p.13

覚 えたい3つのことば

古都　京阪神大都市圏　琵琶湖

1 次の ☐ にあてはまる語句をあとから選びなさい。

(1) 京都や奈良の多くの文化財は, [　　　　　　　] や国宝となっています。

(2) 京都市,大阪市,神戸市を中心に [　　　　　　　] 大都市圏が形成されています。

(3) 琵琶湖のある [　　　　　　] の県庁所在地は,大津市です。

[　　世界遺産　　ラムサール条約　　近畿　　京阪神　　三重県　　滋賀県　　]

2 右の地図を見て,次の問いに答えなさい。

(4) 地図中のA～Cは,京阪神大都市圏の中心
となる3つの都市です。これらのうち,府県
名と府県庁所在地名が異なるものを1つ選ん
で都市名を答えなさい。

[　　　　　　　　　　]

(5) 地図中のDの都市は,京都市と並んで古都
の町なみや文化財を多く残しています。この
都市名を答えなさい。

[　　　　　　　　　　]

(6) 地図中のEの湖について,次の ☐ にあてはまる語句を,あとから選びなさい。

・Eは [　　　　　　　] で,日本最大の湖です。この湖は近畿地方の多くの人々

の生活用水の水源となっているため,「京阪神の [　　　　　　　] 」とよばれ

ます。
[　　琵琶湖　　浜名湖（はまな）　　ため池　　水がめ　　]

33 近畿地方の産業

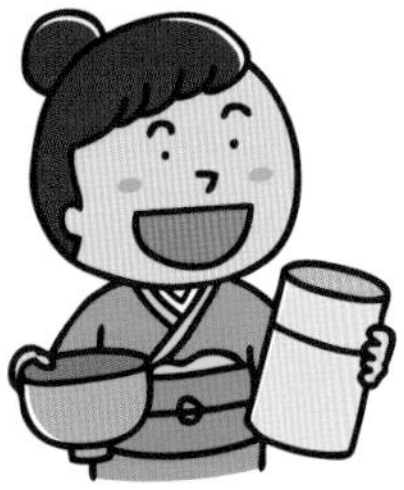

古い歴史を持つ近畿地方は，現在に受けつがれる**伝統産業**があります。近代以降は大阪湾岸に**阪神工業地帯**が発展しました。

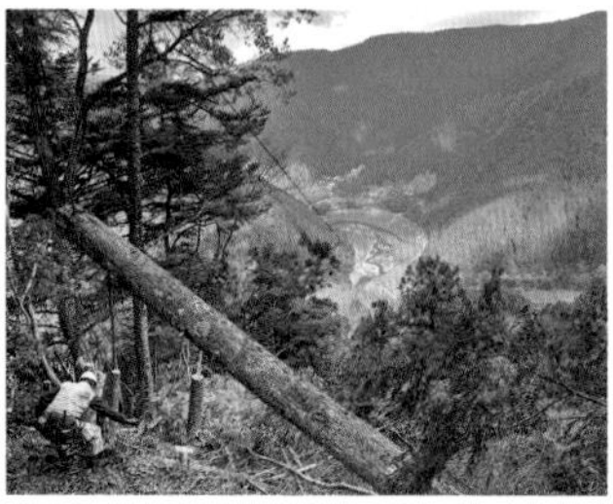

吉野すぎの伐採作業

1 近畿地方の産業

伝統工芸品

京都の西陣織や清水焼，奈良の筆や墨などの伝統産業は，伝統的工芸品として現在でも受けつがれ生産されています。

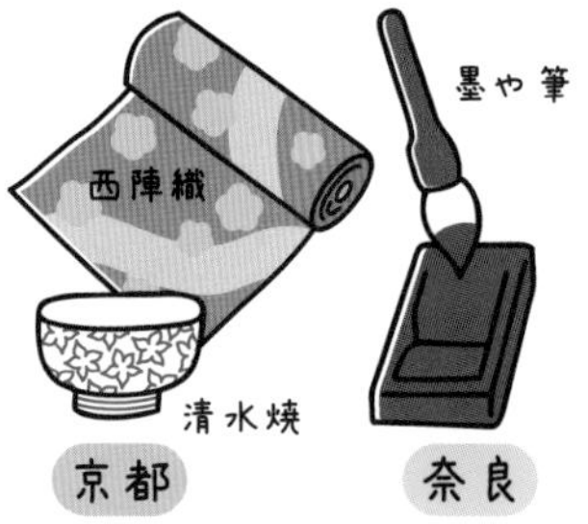
墨や筆
西陣織
清水焼
京都
奈良

阪神工業地帯

大阪湾の臨海部は日本を代表する工業地帯として発展しましたが，現在では再開発が進んでいます。東大阪市は中小工場が多く集まります。

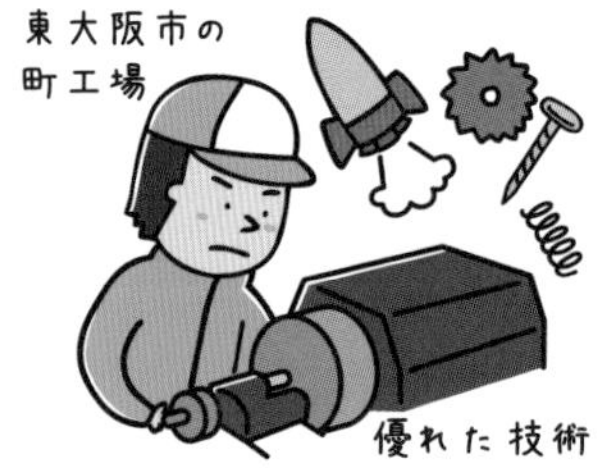
東大阪市の町工場
優れた技術

盛んな林業

紀伊山地は温暖で降水量が多いため，すぎやひのきの生産が盛んです。この地にある「紀伊山地の霊場と参詣道」は世界遺産に登録されています。

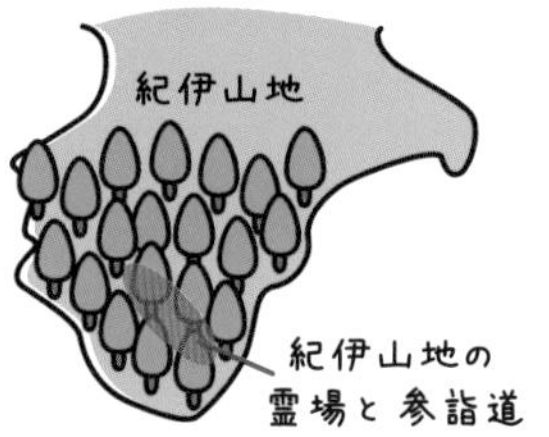
紀伊山地
紀伊山地の霊場と参詣道

2 近畿地方の都市と郊外

大阪は，江戸時代に「天下の台所」とよばれ，**商業**が発展しました。今でも市内には，物資を運ぶのに利用した堀川(運河)がはりめぐらされています。

また，中心に私鉄が発達し，沿線には行楽地や住宅不足を補う**ニュータウン**があります。

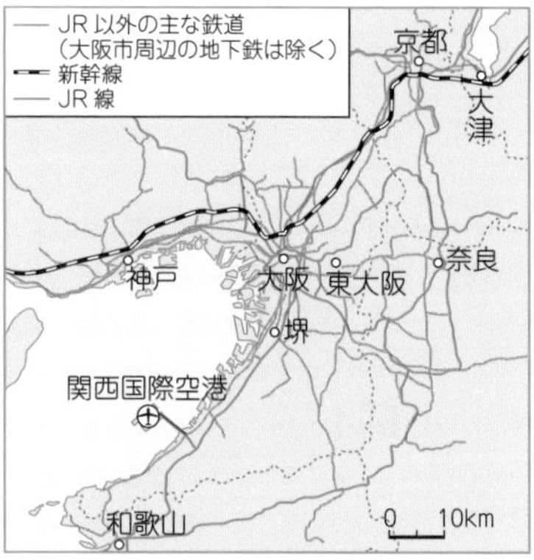
JR以外の主な鉄道
(大阪市周辺の地下鉄は除く)
新幹線
JR線
京都
大津
神戸
大阪
東大阪
奈良
堺
関西国際空港
和歌山
0 10km

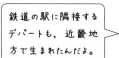

鉄道の駅に隣接するデパートも，近畿地方で生まれたんだよ。

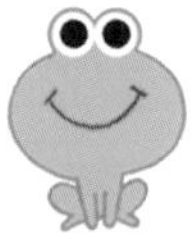

地理のひとこと (都市の郊外)

大阪・神戸の郊外にはニュータウンがある。

覚 えたい3つのことば

伝統的工芸品　阪神工業地帯　ニュータウン

➡答えは別冊 p.13

1 次の☐にあてはまる語句をあとから選びなさい。

(1) 京都の西陣織や清水焼，奈良の筆や墨など，近畿地方では☐☐☐品が現在も受けつがれています。

(2) 大阪湾の臨海部などを中心に発達した工業地帯を☐☐☐工業地帯といいます。

(3) 紀伊山地では☐☐☐が盛んです。

[　機械工業　伝統的工芸　阪神　瀬戸内　林業　焼畑　]

2 右の地図を見て，次の問いに答えなさい。

(4) 地図中の■は，1960年以降，都市部の住宅地の不足を補うためにつくられたまちです。このような地域を何といいますか。

☐☐☐

(5) 地図中Aの都市について，次の☐にあてはまる語句をあとから選びなさい。

・Aは☐☐☐で，阪神工業地帯を代表する工業都市です。ここには，日本の工業を支える☐☐☐が多く集まっています。

[　堺市（さかい）　東大阪市　中小工場　コンビナート　]

(6) すぎやひのきを生産する林業が盛んな，地図中のBの山地名を答えなさい。

☐☐☐

34 中部地方の都市・自然

中央日本③

中部地方は，中央部に**日本アルプス**とよばれる高い山々があり，**北陸**，**中央高地**，**東海**のそれぞれの地域で，気候や文化が異なっています。

日本アルプスのけわしい山々

① 中部地方のすがた

北陸

福井県，石川県，富山県，新潟県の日本海に面した地域です。冬に雪が多い日本海側の気候で，新潟県を中心に米の生産が盛んです。

中央高地

岐阜県北部，長野県，山梨県の飛驒山脈，木曽山脈，赤石山脈などのけわしい山々が連なった地域です。人々は盆地を中心にくらしています。

飛驒山脈　赤石山脈　木曽山脈

東海

岐阜県南部と，太平洋に面した愛知県，静岡県です。近畿と関東を結ぶ交通の要所で，人口も多く，名古屋市，浜松市，静岡市と３つの政令指定都市があります。

名古屋市　浜松市　静岡市　三重県が含まれることも

② 中部地方の県と都市

中部地方の県のうち，県名と県庁所在地名が異なるのは石川県の金沢市，山梨県の甲府市，愛知県の名古屋市です。東海や名古屋大都市圏には，近畿地方の三重県が含まれることがあります。

県名と異なる県庁所在地は，北陸・中央高地・東海にそれぞれ1つずつあるね。

地理のひとこと （日本アルプス）

北から飛驒山脈，木曽山脈，赤石山脈。

覚 えたい3つのことば

北陸　　中央高地　　東海

➡答えは別冊 p.14

1 次の □ にあてはまる語句をあとから選びなさい。

(1) 中部地方の中でも，[　　　　　　　]に面した地域を北陸といいます。

(2) [　　　　　　　]には，日本アルプスとよばれるけわしい山々が連なっています。

(3) 静岡県には静岡市と[　　　　　　　]の2つの政令指定都市があります。

[　　日本海　　太平洋　　東海　　中央高地　　富士<small>ふじ</small>市<small>し</small>　　浜松市　　]

2 右の地図を見て，次の問いに答えなさい。

(4) 地図中のA〜Cは，日本アルプスとよばれる3つの山脈の集まりです。これらのうち，Aの山脈名を次から1つ選びなさい。

[　　　　　　　]

[　　飛騨山脈　　木曽山脈　　赤石山脈　　]

(5) 地図中のD（石川県の県庁所在地）とE（愛知県の県庁所在地）の都市名をそれぞれ答えなさい。

D [　　　　　　　]

E [　　　　　　　]

（地図）
0　50km
北陸
D
A
中央高地
B
C
E
東海

(6) 地図中に赤字で示した3つの地域のうち，冬に大量の雪が降るのはどれですか。1つ選びなさい。

[　　　　　　　]

35 中部地方の産業

中央日本④

愛知県を中心とする**中京工業地帯**は，生産額日本一の工業地帯です。中部地方は，気候の特色を生かした農業も盛んです。

静岡県の茶畑

❶ 中部地方の工業地域

中京工業地帯

愛知県から三重県の四日市に広がる日本最大の工業地帯です。豊田市の自動車工業など，機械工業が盛んです。

かつて焼物や繊維産業

自動車や石油化学が中心に

東海工業地域

静岡県の沿岸部に位置する工業地域です。浜松市のオートバイや楽器，富士市の紙・パルプ工業などに特色があります。

紙・パルプ

楽器・オートバイ

富士市

浜松市

その他の工業地域

中央高地の諏訪盆地は精密機械工業が発達し，現在はコンピューター産業が盛んです。北陸には地場産業が発達しています。

諏訪盆地

精密機械から

コンピューターへ

新潟県燕市の洋食器が有名

地場産業

北陸

❷ 中部地方の農業

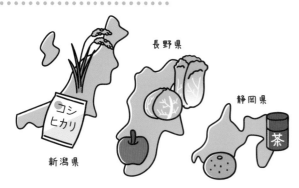

長野県

新潟県

コシヒカリ

静岡県

茶

愛知県では**近郊農業**，静岡県では**茶やみかん**の栽培が盛んです。中央高地では野菜の**抑制栽培**のほか，盆地で果樹栽培が行われています。北陸は日本を代表する米どころです。

地理のひとこと（北陸の豊富な雪どけ水）

北陸の雪どけ水を，稲作や電力に利用。

覚 えたい3つのことば

| 豊田市 | 東海工業地域 | 地場産業 |

➡答えは別冊 p.14

1 次の◻にあてはまる語句をあとから選びなさい。

(1) 静岡県では，茶や ◻ の栽培が盛んです。

(2) 中央高地の高原では，野菜の ◻ が盛んです。

(3) 北陸は，日本を代表する ◻ 地帯です。

[りんご みかん 促成栽培(そくせい) 抑制栽培(よくせい) 稲作 酪農(らくのう)]

2 次の①～③は，中部地方の工業についての説明です。あとの問いに答えなさい。

① 中京工業地帯の自動車工業の中心地は， ◻ です。

② 静岡県では，浜松市でオートバイや楽器の製造，富士市で紙・パルプ工業が盛んです。

③ 中央高地の諏訪盆地では， ◻ が発達しました。現在はコンピューター産業も盛んです。また，北陸では，燕市(つばめ)の洋食器など，

◻ が盛んです。

(4) ①の◻にあてはまる都市名を答えなさい。

(5) ②について，この文で説明している静岡県の工業地域を何といいますか。

◻

(6) ③の◻にあてはまる語句を，次からそれぞれ選びなさい。

[鉄鋼業 精密機械工業 地場産業 ハイテク産業]

36 関東地方の都市・自然

中央日本⑤

首都東京がある関東地方は，日本最大の面積の関東平野に多くの人口が集中しています。東京には日本の政治・経済の中枢が集中しています。

政治機能が集中する東京

1 関東地方のすがた

関東平野

火山灰が積もった赤土，関東ロームにおおわれています。中央を流れる利根川は，日本最大の流域面積をもつ河川です。

首都東京

国会議事堂などの政治機能のほか，経済や情報，教育などの機能が一極集中しています。朝夕は通勤・通学する人々で，通勤ラッシュが起こります。

東京大都市圏

東京のほかにも，横浜，川崎，千葉，さいたま，相模原の政令指定都市が集中しています。これらの都市も東京のベッドタウン化しています。

これらの都市からも，東京に通勤して来る人々がいる

2 関東地方の県と都市

関東地方は，県名と県庁所在地名が異なる県が多く，水戸市(茨城県)，宇都宮市(栃木県)，前橋市(群馬県)，さいたま市(埼玉県)，横浜市(神奈川県)です。

埼玉県さいたま市は，漢字とひらがなの違い。かつて県庁所在地だった浦和市と，大宮市などが合併してできた，最も新しい県庁所在地名なんだ。

地理のひとこと (東京大都市圏の特色)

首都東京への一極集中度が高い。

覚 えたい3つのことば

関東平野　利根川　東京大都市圏

➡答えは別冊 p.14

1 次の □ にあてはまる語句をあとから選びなさい。

(1) 関東平野を流れる日本最大の流域面積をもつ河川は, □ です。

(2) 関東地方には, 県名と県庁所在地名が異なる県が多いです。栃木県の県庁所在地は □ です。

(3) また, 群馬県の県庁所在地は □ です。

[　利根川　多摩川　水戸市　宇都宮市　前橋市　横浜市　]

2 右の地図を見て, 次の問いに答えなさい。

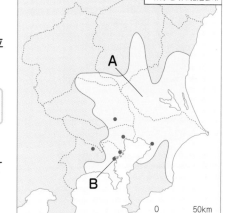

● 東京と政令指定都市

0 ── 50km

(4) 地図中の**A**の平野は, 日本最大の面積を持つ平野です。この平野名を答えなさい。 □

(5) 地図中の**B**の都市について, 次の □ にあてはまる語句をあとから選びなさい。

・**B**は神奈川県の県庁所在地の □ です。**B**は周辺のほかの都市とともに, □ 大都市圏を形成しています。

[　川崎市　横浜市　関東　東京　]

(6) 周辺の都市から東京に通勤・通学する人々で, 朝夕の電車が混雑することを何といいますか。 □

③⑦ 関東地方の産業

中央日本⑥

東京湾の臨海部に**京浜工業地帯**と**京葉工業地域**が発達しています。都市の周辺部では、野菜などの**近郊農業**も盛んです。

内陸の工業団地の様子

❶ 関東地方の工業地域

京浜工業地帯

東京から神奈川に広がる工業地帯で、近年、出荷額は減っています。東京には出版社や新聞社が多いため、印刷工業の出荷額が多いです。

京葉工業地域

千葉県の工業地域です。市原市の大規模なコンビナートで、石油化学工業や鉄鋼業が盛んです。

千葉市
東京湾
市原市

北関東工業地域

京浜工業地帯から、機械工業の工場などが栃木県、群馬県、埼玉県の高速道路沿いの工業団地に移転して形成されました。

高速道路
工業団地

❷ 盛んな近郊農業

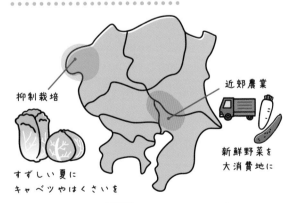

抑制栽培

すずしい夏にキャベツやはくさいを

近郊農業

新鮮野菜を大消費地に

東京大都市圏という大消費地をひかえ、茨城県や千葉県をはじめとして近郊農業が盛んです。

また、群馬県の山間部では、高原野菜の抑制栽培も行われています。

地理のひとこと（情報の中心・東京）

東京はテレビ局，新聞社，出版社が集中。

覚 えたい3つのことば

京浜工業地帯　京葉工業地域　北関東工業地帯

➡答えは別冊 p.14

1 次の□□□にあてはまる語句をあとから選びなさい。

(1) 　　　　　　　　　　工業地帯は，印刷業の出荷割合が大きい点に特色があります。

(2) 市原市など，千葉県の東京湾岸を中心とする工業地域を　　　　　　　　　工業
地域といいます。

(3) 関東地方で盛んな，大消費地に新鮮な野菜を出荷する農業を　　　　　　　　
といいます。

[　京葉　　京浜　　北関東　　促成栽培（そくせい）　　近郊農業　　]

2 次の①～③は，関東地方の工業についての説明です。あとの問いに答えなさい。

① 東京に出版社や新聞社が多いため，京浜工業地帯は　　　　　　　　
の出荷額がほかの工業地帯よりも多いです。

② 京葉工業地域では，<u>市原市</u>などを中心に，石油化学工業や鉄鋼業が盛んです。

③ 近年は，栃木県，群馬県，埼玉県などの内陸部での工業出荷額が増えています。

(4) ①の空欄にあてはまる語句を，次から１つ選びなさい。

[　コンピューター産業　　印刷業　　製紙・パルプ工業　　]

(5) ②の下線部について，市原市などにある石油タンクや工場などがいくつも結びつい
た施設（しせつ）を何といいますか。カタカナで答えなさい。

(6) ③について，次の□□□にあてはまる語句をあとからそれぞれ選びなさい。

・③の工業地域を　　　　　　　　　工業地域といいます。この工業地域は，高速

道路沿いにつくられた　　　　　　　　　が広い範囲（はんい）に点在しています。

[　南関東　　北関東　　工業団地　　ショッピングセンター　　]

まとめのテスト

勉強した日　得点

月　日　／100点

➡答えは別冊 p.15

1 右の地図を見て，次の問いに答えなさい。 5点×6（30点）

(1) A〜Cの県名をそれぞれ答えなさい。

A（　　　　　　）

B（　　　　　　）

C（　　　　　　）

(2) D〜Fの県庁所在地名を，それぞれ答えなさい。

D（　　　　　　）

E（　　　　　　）

F（　　　　　　）

○ 県庁所在地

0　100km

2 右の地図を見て，次の問いに答えなさい。 5点×4（20点）

(1) 地図中のAの湖は，日本最大の湖です。この湖の名前を答えなさい。

（　　　　　　）

(2) 地図中のBの東大阪市（ひがしおおさか）の産業の説明として正しいものを，次から1つ選びなさい。

（　　　　　　）

ア　江戸時代に「天下の台所」とよばれ，商業のまちとして発展した。

イ　西陣織（にしじんおり）や清水焼（きよみずやき）など，古い歴史をもつ伝統産業が盛んである。

ウ　中小工場が多く集まっており，その中には高い技術をもつ工場もある。

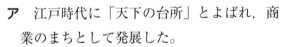

京都市

神戸市

大阪市

A

B

C

0　50km

(3) 地図中のCは，世界遺産に登録されている「 □ の霊場（れいじょう）と参詣道（さんけいみち）」です。□ にあてはまる山地名を答えなさい。 （　　　　　　）

(4) 地図中の京都市，大阪市，神戸市（こうべ）を中心とする大都市圏（だいとしけん）を何といいますか。

（　　　　　　）

3 右の地図を見て，次の問いに答えなさい。

5点×5（25点）

(1) 地図中の**A**の諏訪盆地の工業の特色として
正しいものを，次から１つ選びなさい。
（　　　　　）

ア　精密機械工業が発達し，現在はコンピュ
ーター産業も盛んである。

イ　日本で最も自動車産業が盛んな豊田市が
ある。

ウ　洋食器など，地場産業が盛んである。

(2) 地図中の**B**と**C**の地域の農業の説明として
正しいものを，次からそれぞれ選びなさい。
B（　　　　　）　**C**（　　　　　）

ア　茶やみかんの栽培が盛んである。　　イ　日本を代表する稲作地帯である。

ウ　扇状地でももやぶどうが栽培されている。

エ　夏の涼しい気候を利用して，野菜の抑制栽培が盛んである。

(3) 地図中の▨▨▨の東海には３つの政令指定都市があり，それは名古屋市と静岡市と
地図中の**D**の都市です。この都市名を答えなさい。　（　　　　　）

(4) 日本アルプスのうち，木曽山脈を**地図中のア～ウ**から１つ選びなさい。
（　　　　　）

4 右の地図を見て，次の問いに答えなさい。

5点×5（25点）

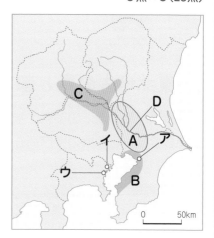

(1) 地図中の**A**の地域で行われている農業を，次から
１つ選びなさい。　（　　　　　）

ア　促成栽培　　イ　抑制栽培　　ウ　近郊農業

(2) 地図中の**B**と**C**の地域の工業の説明として正しい
ものを，次からそれぞれ選びなさい。
B（　　　　）　**C**（　　　　）

ア　臨海部に大規模なコンビナートがある。

イ　周辺に出版社や新聞社が多いため，印刷業が盛
んである。

ウ　オートバイや楽器，製紙・パルプ工業が盛んで
ある。

エ　高速道路沿いに，機械工業の工業団地が進出している。

(3) 地図中の**D**は日本最大の流域面積をもつ河川です。この河川名を答えなさい。
（　　　　　）

(4) 政令指定都市の川崎市を，**地図中のア～ウ**から１つ選びなさい。　（　　　　　）

38 東北地方の都市・自然

東北日本①

東北地方は，中央を奥羽山脈（おうう）が南北にのびる山がちな地形です。2011年の東日本大震災（だいしんさい）では，太平洋沿岸が津波（つなみ）で大きな被害を受けました。

秋田の竿燈まつり

① 東北地方のすがた

厳しい寒さ

本州の北部に位置するため冬の寒さは厳しいです。また，夏に太平洋側にふく「やませ」という北東の風のために，冷害（れいがい）が起こることもあります。

稲が枯れちゃうよ

夏の冷たい風 やませ

豊かな自然と伝統行事

世界遺産（いさん）の白神山地（しらかみ）などの豊かな自然が残っています。また，ねぶた祭，竿燈まつり，仙台七夕まつり（せんだいたなばた）などの伝統的な祭りは観光客（かんとう）を集めます。

豊作をいのる祭だよ

三陸海岸（さんりく）

岩手県（いわて）から宮城県（みやぎ）の三陸海岸（さんりく）の南部には，複雑なリアス海岸が見られ，漁業が盛んです。東日本大震災では津波で大きな被害を受けた地域です。

復興が進み，生産量が回復しつつあります。

② 東北地方の県と都市

青森県（あおもり），秋田県（あきた），山形県（やまがた），福島県（ふくしま）は県名と県庁所在地名が同じです。岩手県の県庁所在地は盛岡市（もりおか），宮城県は仙台市です。

仙台市は，東北地方唯一の政令指定都市です。また，盛岡市のある岩手県は，北海道をのぞくと，日本で最も面積の大きい県です。

地理のひとこと（東北地方の主な世界遺産）

白神山地と平泉。

○県庁所在地
0　50km

青森
青森県
秋田県　盛岡
秋田　岩手県
山形県　宮城県
山形　仙台
福島
福島県

覚えたい**3**つのことば

奥羽山脈　　白神山地　　三陸海岸

➡答えは別冊 p.15

1 次の　　　にあてはまる語句をあとから選びなさい。

(1) 東北地方の太平洋側は，夏にふく　　　　　　　　　　　という北東の風のために，冷害が起こることがあります。

(2) 青森県と秋田県にまたがる　　　　　　　　　のぶなの原生林は，世界遺産に登録されています。

(3) 岩手県の県庁所在地は　　　　　　　です。

[　　やませ　　ねぶた　　奥羽山脈　　白神山地　　盛岡市　　仙台市　　]

2 右の地図を見て，次の問いに答えなさい。

(4) 地図中の**A**の都市は，宮城県の県庁所在地で，東北地方の中心都市です。この都市名を答えなさい。

(5) 地図中の**B**の山脈名を，次から1つ選びなさい。

[　　奥羽山脈　　飛驒山脈　　赤石山脈　　]

(6) 地図中の**C**の海岸について，次の　　　にあてはまる語句をあとから選びなさい。

・**C**は　　　　　　　といい，日本を代表するリアス海岸です。この地形は漁港や養殖業に向いています。2011年の東日本大震災では，　　　　　　　で大きな被害を受けました。

[　　若狭湾　　三陸海岸　　津波　　がけくずれ　　]

103

㊴ 東北地方の産業

東北日本②

青森県のりんごの収穫

昔は冬に関東などに多くの人が出かせぎに行きましたが，最近は工場も多く進出しており，農業をしながら工業に勤める人が増えました。

❶ 東北地方の産業の特色

盛んな稲作

新潟県のある北陸とともに，稲作の盛んな地域です。冷害に強くて味の良い米に品種改良され，銘柄米として生産されています。

寒さに強いだけでなくおいしい品種

ひとめぼれ　はえぬき　あきたこまち

果樹栽培

青森県や岩手県のりんご，山形県のさくらんぼ，福島県のももなど，東北地方では果樹栽培も盛んです。

青森・岩手

山形　福島

工業団地の進出

新幹線や高速道路などの高速交通網が整備された結果，東北地方には工業団地がつくられ，機械工業や半導体などの工場が増えました。

❷ 東北地方の伝統的工芸品

東北地方では，雪で農業ができない冬の副業として，家具や漆器，鉄器などの工芸品の生産が盛んになりました。現在でも受けつがれ，伝統的工芸品として全国的に有名なものが多くあります。

最近は職人の高齢化や，後継者不足になやんでいるそうだよ。

0　50km

津軽塗　大館曲げわっぱ　南部鉄器　天童将棋駒　宮城伝統こけし　会津塗

地理のひとこと（盛んな果樹栽培）

山形県のさくらんぼ。

覚えたい**3**つのことば

| 品種改良 | 工業団地 | 伝統的工芸品 |

➡答えは別冊 p.15

1 次の ☐ にあてはまる語句をあとから選びなさい。

(1) 東北地方では，かつて雪に閉ざされる冬に，関東などへ ☐ に行きました。

(2) ☐ は，日本一のりんごの産地です。

(3) 東北地方の高速道路沿いには，☐ がつくられ，機械工業や半導体などの工場が進出しています。

[　出かせぎ　　内職　　青森県　　山形県　　コンビナート　　工業団地　]

2 次の①～③は，東北地方の産業についての説明です。あとの問いに答えなさい。

① 東北地方では ☐ の結果，味の良い銘柄米が作られています。

② 東北地方では，果樹栽培も盛んです。

③ 東北地方では，雪で農業ができない冬の副業として，家具や漆器，鉄器などの工芸品が作られてきました。

A

その他 16.7
山形 6.4
長野 20.3
735.2千t
青森 56.6%

B 山梨
北海道
その他 10.0
6.1
8.0
19.1千t
山形 75.9%

(2017年)
(2019/20年版「日本国勢図会」ほか)

(4) ①の ☐ にあてはまる語句を答えなさい。

(5) ②の下線部について，右のA・Bのグラフはそれぞれある果物の県別生産割合を表しています。それぞれにあてはまる果物を次から選びなさい。

[　りんご　　みかん　　もも　　さくらんぼ　]

A ☐ 　　B ☐

(6) ③の下線部について，このような工芸品を何といいますか。

☐

㊵ 北海道地方の都市・自然・産業

東北日本③

北海道では豊かな自然が見られます。明治時代から開拓が進められ、現在では大規模な農業や漁業、観光業が盛んです。

札幌の雪まつり

❶ 北海道のすがた

アイヌ語の地名

先住民のアイヌの人々が住む土地でしたが、明治時代に本格的に開拓が進められました。札幌や稚内など、地名の多くはアイヌ語に由来します。

ヤムワッカナイ（冷たい飲み水の川）

サッポロペッ（乾いた大きな川）

盛んな観光業

世界遺産の知床など、自然に恵まれ、観光業が盛んです。札幌市郊外の新千歳空港は、北海道の航空交通の拠点です。

知床

札幌

新千歳

盛んな水産業

周囲を好漁場に囲まれており、水産業が盛んです。北海道東部の釧路港や根室港は、かつて北洋漁業の基地として栄えました。

ほたて　かに　さけ　うに

❷ 北海道の農業

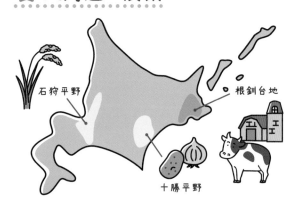

石狩平野

根釧台地

十勝平野

石狩平野などで稲作が行われるほか、十勝平野では大規模な畑作が盛んです。また、根釧台地では乳牛を飼育する酪農が行われています。

北海道の道庁所在地は、札幌市だよ。

地理のひとこと（北海道で盛んな産業）

自然や歴史を生かした観光業が盛ん。

覚 えたい3つのことば

アイヌの人々　　知床　　北洋漁業

➡答えは別冊 p.18

1 次の□□□□にあてはまる語句をあとから選びなさい。

(1) 北海道の道庁所在地は，　　　　　　　　　です。

(2) (1)の都市から約45km離(はな)れたところにある　　　　　　　　　空港は，北海道の
航空交通の拠点です。

(3) 北海道東部の釧路港や根室港は，かつて　　　　　　　　　漁業の基地として栄
えました。

[　　稚内市　　札幌市　　函館(はこだて)　　新千歳　　北洋　　近海　　]

2 右の地図を見て，次の問いに答えなさい。

(4) 地図中のAの半島は，その自然が世界遺産に
登録されています。この半島名を答えなさい。

(5) 地図中のBとCの平野で行われている農業に
ついて，次の文の空欄にあてはまる語句をあと
から選びなさい。
・Bの石狩平野(かみかわぼんち)や上川盆地では，　　　　　　　　　が行われています。一方で，

Cの　　　　　　　　　では大規模な畑作が行われています。

[　　稲作　　酪農　　十勝平野　　根釧台地　　]

(6) 地図中の札幌や稚内にあるように，北海道の地名の多くはその先住民の言葉に由来
します。この先住民の名前を答えなさい。

41 地形図の読み方

身近な地域の調査

地形図には土地利用の様子が示されていて，2万5千分の1と5万分の1の縮尺（しゅくしゃく）のものがよく使われます。地形図は上が北になっています。

いろいろな地形図

1 地形図を読むポイント

縮尺

縮尺は，実際の長さを地形図に縮めた割合です。2万5千分の1地形図上の1cmは250m，5万分の1地形図上の1cmは500mです。

● 2万5千分の1

0　250m　　　　　1km
1cm
4cm

● 5万分の1

0　500m　　　　　1km
1cm
2cm

等高線

等高線は，地形図上の同じ高さの地点を結んだ線です。等高線をみると，土地の起伏の様子がわかります。

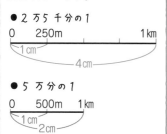

間隔が広い＝傾ゆ斜るい　平面図　等高線　間隔がせまい＝急傾斜

m 120 100 80 60 40 20 0　断面図

地図記号

建物や土地利用を表す記号です。絵や文字を略したものが使われます。

東京国立博物館の入り口 ➡ 博物館・美術館

風車の形 ➡ （風力発電の）風車

本 ➡ 図書館

お年より 老人の杖 ➡ 老人ホーム

2 2万5千分の1の地図の読み方

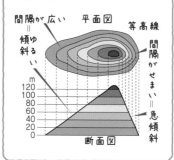

① ここの長さが4cmのとき，実際の距離（きょり）は…1cmが250mだから，250×4＝1000m＝1km。

② 地図記号は，A水田，B果樹園，C寺院，D警察署（しょ），E市役所。

③ この山の頂上の高さは，約250m。Xの斜面のほうがYの斜面よりも，ゆるやかである。

地理のひとこと （等高線の間隔と傾斜の関係）

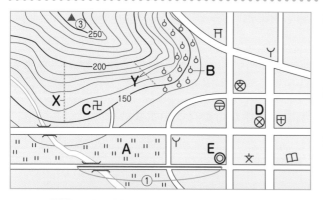

等高線の間隔がせまいと，傾斜は急。

覚 えたい3つのことば

縮尺　　等高線　　地図記号

➡答えは別冊 p.16

1 次の ☐ にあてはまる語句をあとから選びなさい。

(1) 実際の1kmの距離は，2万5千分の1地形図上では ☐ になります。

(2) 地形図上の同じ高さの地点を結んだ線を ☐ といいます。

(3) 🏛 の地図記号は ☐ を表しています。

[　2cm　　4cm　　等高線　　境界線　　図書館　　博物館　　]

2 右の地形図（2万5千分の1）を見て，次の問いに答えなさい。

(4) 地形図中のA山の頂上の標高はおよそ何メートルですか。

☐

(5) 地形図中のBの建物と，Cの土地利用はそれぞれ何を表していますか。次から選びなさい。

[　寺院　　消防署
　水田　　果樹園　　]

B ☐　　　　C ☐

(6) 地形図中のBとCとの間は，3cm離れています。実際のB－C間の距離を次から1つ選びなさい。

☐

[　300m　　750m　　1500m　　]

まとめのテスト

勉強した日	得点
月　　日	／100点

➡答えは別冊 p.16

1 右の地図を見て，次の問いに答えなさい。

5点×5（25点）

(1) A・Bの県名をそれぞれ答えなさい。

A（　　　　　　）

B（　　　　　　）

(2) C・Dの道県庁所在地名を，それぞれ答えなさい。

C（　　　　　　）

D（　　　　　　）

(3) 世界遺産に登録されている平泉の位置を，地図中のア～ウから1つ選びなさい。

（　　　　　　）

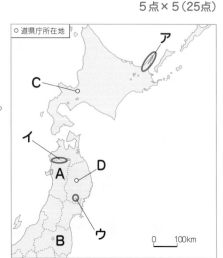

○ 道県庁所在地

0　100km

2 右の地図を見て，次の問いに答えなさい。

5点×5（25点）

(1) 地図中のAの山形県が日本一の生産量をほこる果物を，次から1つ選びなさい。

（　　　　　　）

ア　みかん　　イ　りんご　　ウ　さくらんぼ

(2) 東北地方の産業の説明として正しいものを，次から2つ選びなさい。

（　　　　）（　　　　）

ア　冬は雪で農作業ができないため，今でも多くの人が関東地方などに出かせぎに行く。

イ　高速交通網の整備により工業団地がつくられ，機械工業や半導体の工場が進出している。

ウ　日本最大の工業地帯をもち，自動車工業や化学工業が盛んである。

エ　漆器や鉄器，こけし，将棋の駒など，伝統的工芸品の生産も盛んである。

(3) Bの三陸海岸に見られる，山地が複雑に入り組んだ海岸地形の名前を答えなさい。

（　　　　　　）

(4) 夏に冷害をもたらすこともある「やませ」の風向きを，地図中のア～エから1つ選びなさい。

（　　　　　　）

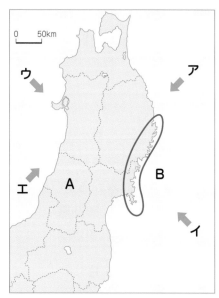

0　50km

3 右の地図を見て，次の問いに答えなさい。

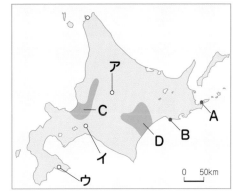

(1) 地図中の**A**と**B**は，かつて北洋漁業で栄えた漁港です。**A**と**B**のいずれにもあてはまらない漁港を，次から1つ選びなさい。

（　　　　）

ア　釧路港　　イ　焼津港　　ウ　根室港

(2) 地図中の**C**と**D**の地域の農業の説明として正しいものを，次からそれぞれ選びなさい。

C（　　　　）　　D（　　　　）

ア　大規模な畑作が行われている。

イ　稲作や畑作にも向いていないため，乳牛を飼育する酪農が盛んである。

ウ　豚やにわとりなど畜産業が盛んである。

エ　北海道を代表する稲作地帯である。

(3) 北海道の地名の多くは，その先住民の言葉に由来します。この先住民の名前を答えなさい。

（　　　　）

(4) 北海道の航空交通の拠点である新千歳空港を地図中の**ア〜ウ**から1つ選びなさい。

（　　　　）

4 右の地形図を見て，次の問いに答えなさい。

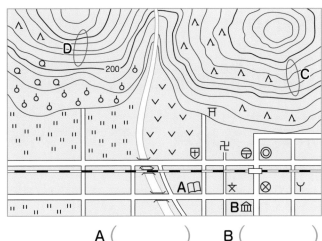

(1) この地形図上では，実際の1kmが4cmで表されます。この地形図の縮尺を次から1つ選びなさい。

（　　　　）

ア　1万分の1

イ　2万5千分の1

ウ　5万分の1

(2) 地形図中の**A・B**の地図記号が示す建物を，次からそれぞれ選びなさい。

A（　　　　）　　B（　　　　）

ア　博物館・美術館　　イ　老人ホーム　　ウ　市役所　　エ　図書館

(3) 地形図中には，同じ高さの地点を結んだ線が引かれています。これについて次の問いに答えなさい。

① この線のことを何といいますか。

（　　　　）

② ①の線からは，土地の起伏の様子がわかります。地形図中の**C**と**D**のうち，斜面の傾斜が急なほうを選びなさい。

（　　　　）

特集 重要語句を書こう

⭐なぞってから右のわくに書いてみよう。

●屋久島 ^{やくしま}	屋久島	鹿児島県の島で，世界遺産。
●阿蘇山 ^{あそさん}	阿蘇山	世界最大のカルデラを持つ熊本県の火山。
●瀬戸大橋 ^{せとおおはし}	瀬戸大橋	本州四国連絡橋の1つ。
●琵琶湖 ^{びわこ}	琵琶湖	滋賀県の日本最大の湖。
●紀伊山地 ^{きいさんち}	紀伊山地	林業が盛んな近畿地方の山地。
●飛驒山脈 ^{ひださんみゃく}	飛驒山脈	日本アルプスの最も北に位置する山脈。
●木曽山脈 ^{きそさんみゃく}	木曽山脈	日本アルプスの中央に位置する山脈。
●京浜工業地帯 ^{けいひんこうぎょうちたい}	京浜工業地帯	東京都・神奈川県を中心とする工業地帯。
●京葉工業地域 ^{けいようこうぎょうちいき}	京葉工業地域	千葉県の東京湾岸の工業地域。
●奥羽山脈 ^{おううさんみゃく}	奥羽山脈	東北地方の中央を南北に走る山脈。
●白神山地 ^{しらかみさんち}	白神山地	ぶなの原生林で有名な世界遺産の山地。
●札幌市 ^{さっぽろし}	札幌市	北海道の道庁所在地。
●縮尺 ^{しゅくしゃく}	縮尺	実際の距離を地図のために縮めた割合。

この「解答と解説」は取り外して使えます。

改訂版

わからないを
わかるにかえる

中学地理

解 答 と 解 説

文理

① 地球と緯線・経線

→本冊 p.7

① 次の□□□にあてはまる語句をあとから選びなさい。

(1) 地球をほぼそのまま小さくした模型を ┃地球儀┃ といいます。

(2) 地球上の海と陸地の面積を比べると、海：陸はおよそ ┃7：3┃ となります。
陸地の面積より海の面積のほうが2倍以上大きい。

[地球儀 世界地図 プラネタリウム 3：7 5：5 7：3]

② 右の図を見て、次の問いに答えなさい。

(3) 図中の───で示した線は、地球上の東西の位置を表す線です。この線のことを何といいますか。

┃経線┃

(4) (3)の線のうち、基準となる0度の線は、イギリスの首都ロンドンを通っています。この0度の線を何といいますか。世界の時刻の基準でもある。

┃本初子午線┃

(5) 図中の───で示した線は、地球上の南北の位置を表す線です。この線を何といいますか。

┃緯線┃

(6) (5)の線のうち、基準となる0度の線が、アフリカ大陸や南アメリカ大陸を通っています。この0度の線を何といいますか。
ユーラシア大陸は、わずかにはずれている。

┃赤道┃

(7) 図中のA地点とB地点の位置を表しなさい。

・A地点…南緯 ┃15┃ 度・東経 ┃45┃ 度

・B地点… ┃北緯┃ 45度・ ┃西経┃ 15度

② 大洋・大陸と世界地図

→本冊 p

① 次の□□□にあてはまる語句をあとから選びなさい。

(1) 地球上には、大洋とよばれる大きな海が、全部で ┃3┃ つあり
東シナ海や日本海などは、「大洋」ではない。

(2) 地球上には、大陸とよばれる大きな陸地が、全部で ┃6┃ つあり

(3) ┃世界地図┃ は、地球の全体を1枚の平面にえがいていますが、距離、

方位などを一度で正確に表すことはできません。
世界地図は、目的に応じて使い分ける必要がある。

[3 6 9 地球儀 世界地図 地形図]

② 右の地図を見て、次の問いに答えなさい。

地図1

(4) 地図1中のAの大洋名を、次から選びなさい。

┃インド洋┃

[太平洋 大西洋 インド洋]

(5) 地図1中の B ┃ユーラシア大陸┃ BとCの大陸
名を、次から C
選びなさい。 ┃南アメリカ大陸┃

[アフリカ大陸 ユーラシア大陸
北アメリカ大陸 南アメリカ大陸]

(6) 地図1・2に示したテヘラン、シドニー、ブエノスアイレス、ロサンゼルスのうち、東京のほぼ東に位置するものを1つ選びなさい。

┃ブエノスアイレス┃

地図2は、東京からの方位
けではなく、距離も正しい
地図2

③ 日本の位置と領域

→本冊 p.11

① 次の□□□にあてはまる語句をあとから選びなさい。

(1) 日本のおよその位置は、兵庫県を通る ┃東経┃ 135度の経線を基準にすることができます。
次の単元で学習する、日本の標準時子午線。

(2) 日本の領域のうち、日本の主権がおよぶ海域を日本の ┃領海┃ といいます。

(3) 日本の排他的経済水域は、沿岸から領海をのぞく ┃200海里┃ までの範囲です。
領海は沿岸から12海里。

[東経 西経 領空 領海 12海里 200海里]

② 右の地図を見て、次の問いに答えなさい。

■ A

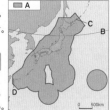

(4) 地図中のAで示された範囲の海では、日本が魚や海底にある資源などを管理する権利をもっています。この範囲を何といいますか。

┃排他的経済水域┃

(5) 地図中のBは、東北地方の岩手県と秋田県を通る緯線です。この緯線が示す緯度を、次から選びなさい。

┃北緯40度┃

[北緯30度 北緯40度 北緯50度]
北緯30度線は九州よりも南、北緯50度線は、日本よりも北の樺太を通る。

(6) 地図中のCとDにあてはまる島の名前を、次からそれぞれ選びなさい。

[択捉島 南鳥島 沖ノ鳥島 与那国島] C ┃択捉島┃
D ┃与那国島┃

④ 時差の出し方

→本冊 p

① 次の□□□にあてはまる語句をあとから選びなさい。

(1) 時差は、経度 ┃15┃ 度ごとに1時間生じます。

(2) その国が時刻を決める基準にしている経線を、その国の ┃標準時子午線┃ といいます。

(3) 日本の(2)は、兵庫県明石市を通る ┃東経135度┃ の経線です。

[15 30 標準時子午線 日付変更線 東経30度 東経135度
日本より時刻が早いは、ニュージーランドやオーストラリア(の一部)、ロシア(の一部)

② 右の地図を見て、次の問いに答えなさい。

(4) 地図中のAは、日付の始まりと終わりの基準となる線です。これを何といいますか。

┃日付変更線┃

(5) 地図中のBの国の標準時子午線は何度ですか。東経・西経の区別も含めて答えな
本初子午線よりも東にあるので、東経。

┃東経45度┃

(6) 日本とB国の時差を求めます。次の□□□にあてはまる数字や時刻を答えなさ

・日本とB国の標準時子午線の経度差は、135度−45度＝90度

・90度の経度差で生じる時差は、90÷ ┃15┃ ＝6時間

・日本が1月1日午前9時のとき、B国の時刻は、┃1月1日午前3時┃

B国は日本よりも西にあるため、日本のほうが時刻が進んでいる

5 地方区分と都道府県

➡本冊 p.15

次の◯◯にあてはまる語句をあとから選びなさい。

日本の都道府県の数は，全部合わせると | **47** | です。

7地方区分とは，九州地方，| **中国・四国** | 地方，近畿地方，中部地方，関

東地方，東北地方，北海道地方です。

| **中部** | 地方は，さらに北陸・中央高地・東海に区分されることがあ

ります。「東海」には近畿地方の三重県が含まれることもある。

［ 43　47　瀬戸内　中国・四国　中部　東北 ］

右の地図を見て，次の問いに答えなさい。

地図中のA・Bの地方名をそれぞれ答えなさい。

A | **九州地方** |

B | **関東地方** |

日本の47都道府県のうち，府は京都府と大阪府

の2つで，これらは同じ地方に属しています。その

地方名を地図中から1つ選びなさい。

| **近畿地方** |

地図中の香川県は，その昔の国名が名前についたうどんが名産品として有名です。

香川県の昔の国名を，次から1つ選びなさい。

武蔵とは，現在の埼玉県，東京都，神奈川県の一部。

［ 薩摩　武蔵　土佐　讃岐 ］

| **讃岐** |

「畿」とは，都という意味。

とめのテスト　1 世界のすがたと日本のすがた

➡本冊 p.16

1
(1) 赤道
(2) B太平洋　　C北アメリカ大陸
　　Dオーストラリア大陸
(3) イ　　(4) イ
(5) イ
(6) ①地球儀　　②ア
(7) ウ

解説 (1) Aは0度の緯線。これに対して，0度の経線
　　　を本初子午線という。
　　(4) 赤道より北にあるので北緯，本初子午線より
　　　東にあるので東経となる。
　　(5) 地図1でFは西にあるように見えるが，方位
　　　を正しく表していない。方位は，地図2の中心
　　　からの距離と方位がわかる地図を用いて調べる。
　　(6) ②地球儀は地球を縮小した球体なので，地球
　　　上の面積・距離・方位などの関係を正しく表す
　　　ことができるが，世界地図のように地球上のす
　　　べての地域を同時に見ることができない。

2
(1) イ
(2) 日付変更線
(3) イ
(4) 12月31日午後7時

解説 (3) 経度差は，東経どうしであれば差を求めるが，
　　　東経と西経の場合は和で求める。日本と西経の
　　　都市の場合は，東経135度との和を計算する。
　　(4) 210÷15=14で，日本との時差は14時間。
　　　西側の国の方が遅いので，1月1日午前9時よ
　　　り14時間さかのぼる。

3
(1) 200海里
(2) イ　　(3) ア
(4) D東北地方　　E近畿地方
(5) 中部地方

解説 (1) 領海の範囲は沿岸から12海里まで。
　　(2) 南鳥島は，南端ではなくて東端になる。
　　(3) 北緯40度の緯線は東北地方を通る。秋田県
　　　の男鹿半島を目印にするとわかりやすい。

⑥ 雨温図の読み方

→本冊 p.21

１ 次の□□□にあてはまる語句をあとから選びなさい。

(1) 雨温図の折れ線グラフは，各月の平均 **気温** を表しています。

(2) 雨温図の棒グラフは，各月の合計 **降水量** を表しています。

(3) (1)や(2)の傾向によって，地球上の場所は，熱帯や温帯などの **気候帯** に区分することができます。
遠く離れた土地でも，雨温図がよく似た形になることもある。
[気温　観測点　雨の降った日数　気候帯　降水量]

２ 右のグラフを見て，次の問いに答えなさい。

(4) 右のグラフのように，各地点の月別平均気温や降水量の合計を示したグラフを何といいますか。

雨温図

グラフ1　グラフ2

(5) グラフ１〜３について，次の□□□にあてはまる語句を答えなさい。

・グラフ１は，**降水量** がほとんどありません。

・グラフ２は，年間を通して気温が **高い** です。

・グラフ３は，冬の **寒さ** が厳しいことがわかります。

(6) グラフ１は，何という気候帯のものですか。次から１つ選びなさい。グラフ２は熱帯，グラフ３は冷帯です。
[温帯　熱帯　乾燥帯　寒帯]

グラフ3

乾燥帯

---

⑦ 世界の気候とくらし①

→本冊 p.

１ 次の□□□にあてはまる語句をあとから選びなさい。

(1) 赤道に近い地域の気候で，一年中気温が高いものを **熱帯** といいます。

(2) 四季の区別があり，日本など人口の多い地域が属する気候を **温帯** といいます。

(3) (1)と(2)の間の地域は，一年を通して降水量の少ないことが多いです。**乾燥帯** に属する
砂漠や草原が広がる。
[熱帯　乾燥帯　温帯　冷帯　寒帯]

２ 右のイラストを見て，次の問いに答えなさい。

(4) 右のA・Bの民族衣装について，次の□□□にあてはまる国名をあとから選びなさい。

A　B

・Aは **インド** のサリーです。通気性が良いため，熱帯の気候に合っています。

・Bは温帯に属する **韓国** のチマチョゴリです。

C

[エジプト　インド　モンゴル　韓国]
エジプト・モンゴルは，大部分が乾燥帯。

(5) 右のC・Dの住居について，次の□□□にあてはまる語句をあとから選びなさい。

D

・Cは，モンゴルのゲルです。この住居は乾燥帯の **遊牧** という の生活に適しています。

・Dは，熱帯に見られる住居です。湿気をふせぐため，**高床** の になっています。
[酪農　遊牧　高床　石垣]

---

⑧ 世界の気候とくらし②

→本冊 p.25

１ 次の□□□にあてはまる語句をあとから選びなさい。

(1) 温帯よりも緯度の高い地域は，夏が短く，冬の寒さが厳しい **冷帯** という気候に属しています。
日本の北海道も冷帯に属する。

(2) (1)よりも緯度の高い地域は **寒帯** という気候帯に属し，厳しい寒さで樹木が生長できません。

(3) 緯度の低い地域でも，標高が **高い** と，日ざしや風が強い独特の気候になります。
ペルーなどのアンデス山脈の高地に見られる。
[乾燥帯　冷帯　寒帯　高い　低い]

２ 右のイラストを見て，次の問いに答えなさい。

(4) 右のA・Bの民族衣装について，次の□□□にあてはまる語句をあとから選びなさい。
┌ 日ざしや風をよける ため。

A　B

・Aは，標高が高い土地の民族衣装で，帽子や **ポンチョ** を着用しています。

・Bは，寒帯の民族衣装で，トナカイやあざらしの **毛皮** でつくられています。
[サリー　ポンチョ　毛皮　毛糸]

(5) 世界の食べ物について，次の□□□にあてはまる語句を答えなさい。

・世界で主食となる主な穀物は，米，小麦，**とうもろこし** です。熱帯の地方では，ヤムいもやタロいもなどの **イモ** 類が主食とされることも多いです。

---

⑨ 世界の宗教

→本冊 p

１ 次の□□□にあてはまる語句をあとから選びなさい。

(1) 仏教が生まれたインドでは，仏教はあまり信仰されておらず，**ヒンドゥ** 教徒が人口の大部分を占めています。
牛が神聖な動物とされるため，牛肉を食べない。

(2) イスラエルでは，キリスト教の母体となった **ユダヤ** 教を信仰する人々が多いです。

(3) イスラエルの **エルサレム** は，キリスト教やイスラム教および(2)の宗教共通の聖地です。
イスラエルとイスラム教を信仰するアラブ諸国の間には，紛争が絶えな
[ユダヤ　ヒンドゥー　イスラム　メッカ　エルサレム]

２ 次の①〜③は三大宗教に関する説明です。あとの問いに答えなさい。

① シャカが開いた宗教で，日本や東南アジアなどで多く信仰されています。

② イエスが開いた宗教で，ヨーロッパやアメリカなどで多く信仰されています

③ ムハンマドが開いた宗教で，さまざまな戒律が守られています。
└ マホメットともよばれる。

(4) ①〜③の宗教名をそれぞれ答えなさい。

① **仏教**

② **キリスト教**　③ **イスラム教**

(5) ①の下線部について，この宗教を信仰する多くの男性が少年時代に僧として修る国を，次から１つ選びなさい。

タイ

[フィリピン　タイ　マレーシア　インドネシア]

(6) ③の下線部について，次の□□□にあてはまる語句を答えなさい。
飲酒も禁止されている。

・この宗教では，女性が人前ではだを見せないことや，**豚** 肉べないなどの戒律が定められています。

(1) ①熱帯　　②ウ

(2) ①棒グラフ　　②ウ

(3) 温帯

解説 (1) ②アは冷帯や寒帯，イは乾燥帯や標高が高い土地などで見られる服装である。

(2) ①折れ線グラフは気温，棒グラフは降水量を示している。

②ウは熱帯の住居。

(3) 降水量の特徴によって，地中海性気候，温暖湿潤気候，西岸海洋性気候に分かれる。

(1) ア

(2) ア

(3) 寒帯

解説 (1) 暖房などくらしで発生する熱で永久凍土がとけてしまわないようにしている。

(2) イはアンデス山脈などで見られる服装，ウはインドなどで見られる服装。

(3) ほとんど植物が育たず，降水量も少ない。

3 (1) 高山気候

(2) イ

解説 (2) ほかにリャマの毛や皮も衣服に用いる。

4 (1) ①米　　②小麦

(2) イ

解説 (1)①米は小麦よりも高温で降水量が多い地域で古くからよく食べられてきた。

(2) 最近は世界中にファストフードが広まるなど，食生活も変化してきている。

5 (1) キリスト教

(2) ①イスラム教　　②ウ

③イ　　④メッカ

(3) ユダヤ教

(4) インド

解説 (2)②ウはタイの仏教信者に多く見られる。③アは仏教，ウはキリスト教の教典。

(4)インドは仏教が生まれた国だが，現在では仏教は少数派の宗教である。

中国の特色
→本冊 p.31

次の□□にあてはまる語句をあとから選びなさい。

中国の西部の乾燥した地域では，| 羊 |の牧畜が盛んです。

中国の長江の流域では，| 米 |の栽培が盛んです。

中国の主に西部には| 少数民族 |が住み，宗教も異なっています。

[少数民族　一人っ子　牛　羊　小麦　米　漢民族]

右の地図を見て，あとの問いに答えなさい。

地図中のAとBの河川名をそれぞれ答えなさい。

A | 黄河 |

B | 長江 |

地図中のCの都市は，中国最大の人口を持ち，産業が発達しています。この都市名を次から1つ選びなさい。

[ペキン　シャンハイ　テンチン　チョンチン]

| シャンハイ |

国の首都はペキンだが，最大の都市はシャンハイ。

中国の課題について，次の□□にあてはまる語句をあとから選びなさい。

海部と内陸部の都市では収入に差がある。

急速な工業化で，都市の大気汚染などの| 環境問題 |が深刻です。また，

沿海部と内陸部の| 経済格差 |も広がっています。

[経済特区　開発　環境問題　都市化　経済格差]

---

11 東南アジア・南アジア・西アジア
→本冊 p.33

1 次の□□にあてはまる語句をあとから選びなさい。

(1) 東南アジアでは，| プランテーション |とよばれる大農園で，天然ゴムや油やしがつくられ，輸出されてきました。

(2) 南アジアの| インド |では，多くの人々がヒンドゥー教を信仰しています。
インドは世界第2位の人口を持つ。

(3) 西アジアの| ペルシャ |湾沿岸は，世界的な石油の産地です。
日本は，この地域のサウジアラビアやアラブ首長国連邦から，石油を多く輸入。

[プランテーション　ビニールハウス　インド　パキスタン　ペルシャ]

2 次の①～③は，アジアについての説明です。あとの問いに答えなさい。

① 東南アジアでは，東南アジア諸国連合を結成し，結びつきを強めています。

② 南アジアのインドは，人口増加を背景に，成長を続けています。

③ 西アジアは，世界的なある資源の産地です。

(4) ①・③の下線部について，①東南アジア諸国連合のアルファベット名と，③この資源の名前をそれぞれ答えなさい。

① | ASEAN |　③ | 石油 |

(5) ②について，インドでは英語や数学の教育水準が高いことから，ある産業が発展しました。この産業を次から1つ選びなさい。

[情報通信技術　自動車　化学]　| 情報通信技術 |産業

かつてイギリスの植民地であったため，英語を話せる人が多い。

(6) 東南アジアで進む工業化について，次の□□にあてはまる語句を，あとから選びなさい。

・東南アジアの輸出品は，かつては農産物などが大部分を占めていましたが，近年は

| 機械類 |などの工業製品の輸出額が大幅に増えています。

[衣類　機械類　鉱産資源]

12 ヨーロッパの国々

➡本冊 p.35

1 次の□□にあてはまる語句をあとから選びなさい。

(1) ヨーロッパ中部では，小麦栽培と家畜の飼育を組み合わせた 【混合農業】 が行われています。
ヨーロッパでは，小麦でつくったパンやパスタを主食に，肉食中心の食文化。

(2) ヨーロッパ北部やアルプスでは，乳牛を飼いチーズをつくる 【酪農】 が盛んです。

(3) ヨーロッパでゲルマン系言語が話されている地域では， 【プロテスタント】 というキリスト教の宗派を信仰する人が多いです。
プロテスタントは，16世紀にドイツで始まった宗教改革で生まれた。
[地中海式農業 混合農業 酪農 カトリック プロテスタント]

2 右の地図を見て，次の問いに答えなさい。

(4) 高緯度にあるヨーロッパの気候が温暖な理由について，次の□□に，あてはまる語句を答えなさい。

・暖流であるAの 【北大西洋海流】 の上を，Bの 【偏西風】 がふくため。

(5) 地図中のCの地域では，果樹と小麦の栽培を組み合わせた農業が行われています。このような農業を何といいますか。
夏にぶどうやオリーブなどが栽培される。 【地中海式農業】

(6) ヨーロッパのアルファベットを用いた言語，キリスト教の宗派はそれぞれ大きく3つに分けられます。次の□□にあてはまる語句をあとから選びなさい。

・ヨーロッパ南部ではおもにカトリックが信仰され， 【ラテン】 系言語が話されています。
[ラテン ゲルマン スラブ]

---

13 EUの特色

➡本冊 p.

1 次の□□にあてはまる語句をあとから選びなさい。

(1) 1993年に発足したヨーロッパ連合の略称は， 【EU】 です。

(2) (1)の母体の，1967年に発足したヨーロッパ共同体の略称は， 【EC】 です。

(3) ヨーロッパ連合は，東にあって，ヨーロッパ州とアジア州にまたがる国で，キリスト教を信仰する人が多い 【ロシア】 とのつながりも深めています。
[EU EC ASEAN ロシア イギリス]

2 右の資料を見て，次の問いに答えなさい。

(4) 資料はEUの共通通貨です。この共通通貨の名前を答えなさい。 【ユーロ】
スウェーデンなど導入していない国もある。

(5) EUでは(4)のような共通通貨を持つこと以外に，どのような経済的な利点があすか。次の□□にあてはまる語句をあとからそれぞれ選びなさい。

・EUの加盟国間では， 【国境】 の通過が自由であるほか，貿易を国境を越えた通勤・通
ときにかかる 【関税】 がありません。が可能で，免許などの格も共通である。
[国境 資格 免許 関税]

(6) EU加盟国のうち，とくにドイツやフランスなど西ヨーロッパの工業国と，ポンドやギリシャなど東部や南部の国々との間で起こっている問題を，漢字4字でなさい。社会主義国だった東ヨーロッパ
諸国との間に格差がある。 【経済格差】

---

14 アフリカの国々

➡本冊 p.39

1 次の□□にあてはまる語句をあとから選びなさい。

(1) アフリカでは，かつて植民地時代に開かれた 【プランテーション】 農業が盛んです。

(2) アフリカでは金やダイヤモンドのほか， 【レアメタル】 とよばれる希少金属が産出されます。
スマートフォンなどに用いられている。

(3) アフリカの国々の中には，特定の農産物や資源が，輸出品の割合の大部分を占める 【モノカルチャー】 経済になっている国があります。
国際的な価格や，豊作・不作によって，国の経済が大きな影響を受ける。
[モノカルチャー プランテーション レアメタル 化石燃料]

2 右の地図を見て，次の問いに答えなさい。

(4) 地図中の■■の地域で盛んに栽培されている，チョコレートの原料となる植物を何といいますか。 【カカオ】

(5) 地図中の◆の地域で産出される，宝石などとして利用される鉱産資源名を答えなさい。 【ダイヤモンド】

(ディルケ世界地図2008年版ほか)

(6) 地図を見て，次の□□にあてはまる語句を，あとからそれぞれ選びなさい。

・アフリカの国境線は，ほかの州に比べ 【直線的な】 ものが多いのが特徴です。これが 【民族】 どうしの争いの原因にもなっています。
緯線や経線がそのまま国境線に用いられる場合も多い。
[自然地形による 直線的な 民族 工場]

---

15 北アメリカの国々

➡本冊 p

1 次の□□にあてはまる語句をあとから選びなさい。

(1) 北アメリカ州は16世紀以降，ヨーロッパからの移民によって開かれました。
15世紀末に，コロンブスがカリブ海の島に到達した。
て先住民の 【ネイティブアメリカン】 は住むところをうばわれました。

(2) カナダでは多くの人々が英語を話していますが， 【フランス語】 話す人々が多い地域もあります。
北アメリカ州は，イギリスやスペインの他，フランスも入植してい

(3) メキシコやカリブ海の国々の公用語は， 【スペイン語】 です。
[ネイティブアメリカン ヒスパニック スペイン語 フランス語]

2 次の①～③は，北アメリカ州の国々についての説明です。あとの問いに答えな

① 北アメリカ州最大の国で，国土の大部分が冷帯や寒帯に属し，森林資源が豊富
② 北アメリカ州の主要な部分を占める国で，ヨーロッパ系を中心に，さまざま族から構成されます。②はアメリカ合衆国である。
③ 中央アメリカの主要な部分を占める国で，かつてスペインの支配下にありま

(4) ①・③にあてはまる国をそれぞれ答えなさい。
① 【カナダ】 ③ 【メキシコ】

(5) ②の下線部について，次の説明にあてはまる人々を，あとから選びなさい。
あ かつて農場で労働させる奴隷として連れてこられた人々の子孫です。 【アフリカ系】

い スペイン語を話す地域から移住した人々です。 【ヒスパニック】
[アジア系 アフリカ系 ヒスパニック フランス系]

(1) 黄河　(2) 米

(3) ウ

(4) 経済特区

(5) ウ

解説 (2) Bは長江。Aの黄河流域では，小麦が主食である。

(3) アのシャンハイのように産業が発達した沿海部には，漢族が集中している。イの中国の首都はペキン。

(5) 中国はインドと並んで人口の多い国の１つ。近年は中国の人口の増加の速度はにぶっている。

(1) ASEAN

(2) プランテーション

(3) ヒンドゥー教

(4) ウ

(5) ウ

解説 (1) 正式名称は東南アジア諸国連合。

(4) イのサリーはインドの暑い気候に適した衣服。

3 (1) ウ　(2) エ

(3) 混合農業

(4) ヨーロッパ連合〔EU〕

(5) ユーロ　(6) ウ

解説 (1) ヨーロッパ南部のスペイン・イタリアの緯度は日本の東北地方や北海道とほぼ同じである。

(2) アはドイツやヨーロッパの北部などでよく見られる組み合わせ。ウは東ヨーロッパやロシアなどでよく見られる組み合わせ。

(6) ア・イEU加盟国間の人やものの動きは自由で，国境を通過する手続きや関税が不要になっている。

4 (1) イ　(2) イ

(3) レアメタル　(4) ア

解説 (2) アフリカのほとんどの国は，第二次世界大戦後までヨーロッパの国々の植民地だった。

(4) 特定の品目の輸出に頼るため，その品目の国際的な価格が下がると，経済への影響が大きい。

16 アメリカ合衆国の特色
→本冊 p.45

次の□にあてはまる語句をあとから選びなさい。

北アメリカ西部には，高くてけわしい □ロッキー□ 山脈が南北に連なっています。
アパラチア山脈は，北アメリカ東部。

アメリカ合衆国南部の，比較的新しい工業地域のことを □サンベルト□ といいます。
温暖で日照時間が長いため，「サン（太陽）ベルト」とよばれる。

アメリカ合衆国の大企業の中には，世界規模で活動する □多国籍企業□ となっているものがあります。

[ロッキー　アパラチア　シリコンバレー　サンベルト　多国籍企業]

右の地図を見て，次の問いに答えなさい。

地図1中のAの河川名を答えなさい。　□ミシシッピ川□

地図1

地図1中のBの地域は，情報通信技術(ICT)産業の先進地として知られています。この地名を答えなさい。　□シリコンバレー□

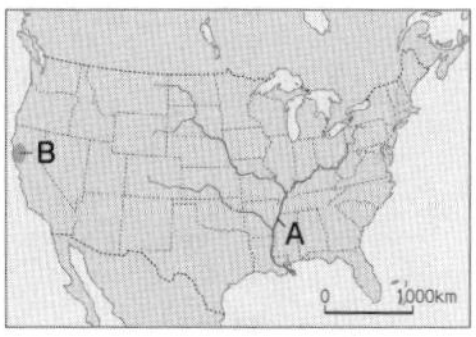

地図2を見て，次の□にあてはまる語句を，あとからそれぞれ選びなさい。

地図2 アメリカ合衆国の農業地域

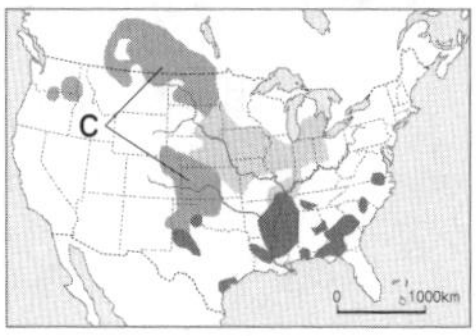

地図2中のCの地域でおもに栽培されている農作物は，□小麦□ です。このように地域の環境に合った農作物を栽培する農業の方法を □適地適作□ といいます。

「企業的な農業」は，大規模かつ先端技術を用いている点をいう。

[小麦　綿花　企業的　適地適作]

17 南アメリカの国々
→本冊 p.47

① 次の□にあてはまる語句をあとから選びなさい。

(1) 南アメリカ州では，スペイン語を公用語とする国が多いですが，ブラジルでは，□ポルトガル語□ が公用語となっています。
ブラジルだけがポルトガルに支配されていた。

(2) 南アメリカ州は鉱産資源も豊富で，とくにチリでは，□銅鉱石□ が多く産出されます。
ブラジルの鉄鉱石もおさえておこう。

(3) ブラジルでは，バイオエタノールの原料の □さとうきび□ の栽培が盛んです。

[ポルトガル語　英語　鉄鉱石　銅鉱石　コーヒー　さとうきび]

② 右の地図を見て，次の問いに答えなさい。

(4) 地図中のAの河川名を答えなさい。　□アマゾン川□

(5) Aの流域で起こっている環境問題について，次の文中の空欄にあてはまる語句をあとからそれぞれ選びなさい。

・Aの流域では，近年，□熱帯林□ の破壊が問題となっています。この原因の１つとして，□バイオエタノール□ の原料にするさとうきび畑の開発があげられます。

[オゾン層　熱帯林　バイオエタノール　薬品]

(6) 地図中のサンパウロでは，かつて日本から移住した人々が開いた日本風の町並みが見られる一角があります。このような移住した日本人の子孫を何といいますか。
サンパウロは，ブラジル最大の都市である。　□日系人□

⑱ オセアニアの国々

→本冊 p.49

❶ 次の□□□にあてはまる語句をあとから選びなさい。

(1) オーストラリア大陸は，その気候的特性から　**乾燥**　大陸とよばれています。
南半球にあるため，南に行くほど気候が涼しくなる。

(2) オセアニアの島々は，メラネシア，ミクロネシア，　**ポリネシア**　の3つの地域に分けられます。
ハワイなどは，ポリネシアに属する。

(3) オーストラリアでは，近年，　**アジア**　系の移民が増えており，多文化社会となっています。

[　乾燥　熱帯　インドネシア　ポリネシア　ヨーロッパ　アジア　]

❷ 右の地図を見て，次の問いに答えなさい。

(4) 地図中のAとBで盛んに産出される鉱産資源名を，次からそれぞれ選びなさい。

A　**鉄鉱石**

B　**石炭**

[　鉄鉱石　レアメタル　石炭　石油　]

(5) 地図中のウルル(エアーズロック)は，オーストラリアの先住民の聖地となっています。この先住民の名前を，次から1つ選びなさい。　**アボリジニ**

[　マオリ　アボリジニ　イヌイット　ネイティブアメリカン　]
マオリはニュージーランドの先住民である。

(6) 地図のオーストラリアでは，1970年代までヨーロッパ系以外の移民を制限する政策がとられていました。この政策を何といいますか。　**白豪主義**

---

⑲ 世界と日本の山地・河川

→本冊 p.5

❶ 次の□□□にあてはまる語句をあとから選びなさい。

(1) 日本の本州は，日本アルプスの東側にある　**フォッサマグナ**　を境として東西で地形が異なっています。
新潟県，長野県，静岡県を通っている。

(2) 日本で最も流域面積が大きい河川は，関東地方を流れる　**利根川**　で

(3) 日本の河川は，外国の河川に比べて，短くて流れが　**急**　です。

[　フォッサマグナ　利根川　信濃川　ゆるやか　急　]
世界最大の流域面積を持つ河川は，南アメリカのアマゾン川。

❷ 右の地図を見て，次の問いに答えなさい。
環太平洋造山帯には，ロッキー山脈やアンデス山脈が属する。

(4) 日本は地図中Aの造山帯に属し，山がちな地形が特徴です。この造山帯の名前を何といいますか。　**環太平洋造山帯**

(5) 地図中の造山帯に多く集まっているものを次から2つ選びなさい。

火山　　**地震の震源地**

[　火山　大きな河川　台風　地震の震源地　]

(6) 長野県と新潟県を流れる，日本で最長の河川の名前を答えなさい。
日本最長の河川は，アフリカのナイル川。

信濃川

まとめのテスト　2 世界のさまざまな地域
→本冊 p.50

1
(1) メキシコ
(2) ヒスパニック
(3) 英語，フランス語(順不同)
(4) ウ
(5) Bロッキー山脈　Cミシシッピ川
(6) ①ウ　②ウ　(7) イ

解説 (2) ヒスパニックは，メキシコのほかカリブ海の国々などからも流入している。

(3) フランスの植民地だったケベック州にはフランス系の住民が多い。

(4) ア・イ　16世紀に移住したヨーロッパ人が，鉱山や農場の労働力とするため，奴隷としてアフリカから多くの黒人を連れてきた。エのネイティブアメリカンは，アメリカ大陸の先住民。よってウのアジア系が最も遅い移民である。

(6) ①アは小麦，イはとうもろこし。

(7) アのサンベルトはアメリカ南部。ウのシリコンバレーは情報通信技術関連の企業が集積している。

2
(1) ①アマゾン川　②イ
(2) ブラジル
(3) イ　(4) イ

解説 (1) ②バイオエタノールを作るためのさとうき畑の開発で，熱帯林破壊がいちじるしい。

(2) 明治時代以降，多くの移民が日本からブラルに渡った。

(3) アの銅鉱石はチリ，ウの石油はベネズエラの産出量が多い。

3
(1) イ
(2) イ
(3) ①アボリジニ　②ウ
(4) ア

解説 (2) アの鉄鉱石はオーストラリアの西部で多く出される。

(3) ②アはヨーロッパ，特にイギリスからの移が中心となって開拓した。イの白豪主義とはかつてヨーロッパ以外からの移民を制限した策。

8

⑳ 日本の平地・海岸地形

➡本冊 p.57

① 次の◯にあてはまる語句をあとから選びなさい。

扇状地は、水はけの良い傾斜地で、ぶどうやももなどの 　**果樹**　 栽培が盛んです。
川が運んだ砂や小石がたまった土地なので、水田には向かない。

三角州は、川の 　**河口**　 に土砂が積もってできる、三角形の低い地形です。

リアス海岸は、山地が複雑に入り組んだ海岸地形で、　**漁港**　 や養殖などに利用されます。
志摩半島の英虞湾では、真珠の養殖が盛んである。

［ 野菜　果樹　盆地　河口　漁港　海水浴場 ］

② 次の図を見て、あとの問いに答えなさい。

図1　　　　図2　　　　図3

図1〜3にあてはまる地形名を、それぞれ答えなさい。

1 　**リアス海岸**　　2 　**扇状地**

3 　**三角州**

図1の地形が見られる東北地方の海岸は、天然の漁港として知られ、漁業や養殖が盛んです。この海岸の名前を、次から1つ選びなさい。

津波がリアス海岸におしよせると、
波の高さが通常よりも高くなってしまう。

　三陸海岸

［ 志摩半島　三陸海岸　九十九里浜　鳥取砂丘 ］

㉒ 日本の自然災害

➡本冊 p.61

① 次の◯にあてはまる語句をあとから選びなさい。

九州の雲仙普賢岳では、かつて火山の噴火にともなう 　**火砕流**　 で大きな被害を出しました。
九州には、現在も活動を続ける火山が多い。

地震は、ゆれによる建物などの倒壊のほか、海底で起こると海岸部で

　津波　 による被害を出すことがあります。

近年では、都市部への 　**豪雨**　 によって洪水などの被害も出ています。

［ 火砕流　土石流　津波　高潮　豪雨　干ばつ ］
都市部への集中豪雨は、「ゲリラ豪雨」などとよばれることもある。

次の①〜③は、日本の自然災害についての説明です。あとの問いに答えなさい。

① 九州の雲仙普賢岳や桜島など、日本は活動が活発な 　**火山**　 が多くあります。

② 日本は 　**地震**　 の多い国で、それにともなう津波でも大きな被害を出すことがあります。

③ 日本は初夏に梅雨で多くの雨が降り、秋には 　**台風**　 が通過して大きな被害をもたらします。
沖縄など九州地方を中心に大きな被害。

①〜③の◯にあてはまる語句を答えなさい。

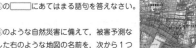

①〜③のような自然災害に備えて、被害予測を記した右のような地図の名前を、次から1つ選びなさい。

　ハザードマップ

㉑ 日本の気候

➡本冊 p.59

① 次の◯にあてはまる語句をあとから選びなさい。

(1) 日本の気候に影響をあたえる、季節で風向きを変える風を、　**季節風**　 （モンスーン）といいます。
夏は南東から、冬は北西からふく。

(2) 日本の中でも 　**北海道**　 は冷帯に属し、冬の寒さが厳しい気候です。

(3) 内陸の気候は、寒暖の差が大きく、1年を通して降水量が 　**少ない**　 ということが特色です。
内陸と瀬戸内の気候の区別は、冬の気温。内陸は冬の寒さが厳しい。

［ 偏西風　季節風　北海道　南西諸島　多い　少ない ］

② 右のグラフを見て、次の問いに答えなさい。

(4) グラフ1・2にあてはまる気候区分を、次からそれぞれ選びなさい。

1 　**瀬戸内の気候**

2 　**日本海側の気候**

［ 太平洋側の気候　日本海側の気候
　瀬戸内の気候　北海道の気候 ］

(5) グラフ1の気候について、年間を通して他の地域より降水量が少ないのはなぜですか。次の◯にあてはまる語句をあとから1つ選びなさい。

・夏と冬の両方の季節風ともに 　**山地**　 にさえぎられるため。
四国山地と中国山地。

［ 河川　山地　盆地 ］

(6) グラフ2の気候について、冬に多くの降水量をもたらす季節風はどちらの方角からふきますか。次から1つ選びなさい。

［ 北東　南東　南西　北西 ］ 　**北西**

㉓ 日本の人口と少子高齢社会

➡本冊 p.63

① 次の◯にあてはまる語句をあとから選びなさい。

(1) 日本は、子どもの数が減る 　**少子化**　 が進んだことで、近年は人口がわずかに減ってきています。　2011年に世界人口は70億人を突破した。

(2) 年齢ごとの人口の割合を表したグラフを人口 　**ピラミッド**　 といいます。

(3) 地方の山間部や離島などで深刻化しているのは、　**過疎**　 の問題です。

［ 少子化　高齢化　トライアングル　ピラミッド　過密　過疎 ］

② 右のグラフを見て、次の問いに答えなさい。

(4) グラフ1・2の人口ピラミッドの型を、次からそれぞれ選びなさい。

グラフ1 　**富士山型**

グラフ2 　**つぼ型**

［ つぼ型　つりがね型　富士山型 ］
富士山型とつぼ型の中間にあるのが、つりがね型。

(5) グラフ1の人口ピラミッドの型は、発展途上国と先進国のどちらに多いタイプですか。
グラフ1は1935年の日本の人口ピラミッド。 　**発展途上国**

(6) グラフ2の人口ピラミッドの型のような社会では、出生率が下がり、高齢者の人口割合が大きくなっています。このような社会を何といいますか。
医療の進歩で死亡率が下がり、女性の社会進出などで、少子化が進んだ。 　**少子高齢社会**

24 資源と日本の発電

→本冊 p.65

1 次の□□□にあてはまる語句をあとから選びなさい。

(1) 西アジアでも，とくに石油を多く産出する国は **ペルシャ** 湾の沿岸に集中しています。
ペルシャ湾とは，アラビア半島との北側のイランにはさまれた湾である。

(2) 石油や天然ガスなどの化石燃料を燃やして行う発電を，**火力発電** といいます。大昔の動植物の遺がいが，長い年月の間に変化したもの。

(3) (2)の発電では，**地球温暖化** などの環境への負担が問題点の1つです。

[ペルシャ　ロシア　火力発電　原子力発電　安全性　地球温暖化]

2 次の①〜③は，おもな発電方法の説明です。あとの問いに答えなさい。

① 石油や天然ガスなどを燃やして発電するため，地球温暖化や資源枯渇の問題があります。
② 東日本大震災のときの事故によって，安全性について議論が起き，安全の基準が見直されています。
③ 大きな風車を使って行われている発電です。

(4) ②・③の発電方法をそれぞれ何といいますか。次からそれぞれ選びなさい。

② **原子力発電**　③ **風力発電**

[火力発電　原子力発電　風力発電　水力発電]

(5) ①の下線部について，このような燃料を何といいますか，次から選びなさい。
[バイオエタノール　化石燃料　核燃料]　**化石燃料**

(6) ③の発電や，太陽光発電のように，自然の力を使うことでくり返し利用できるエネルギーを何といいますか。
自然エネルギーともいう。　**再生可能エネルギー**

25 日本の農業

→本冊 p.

1 次の□□□にあてはまる語句をあとから選びなさい。

(1) 日本の稲作が盛んな地域は，東北地方や **新潟県** などです。

(2) 長野県や群馬県の高原で，夏の涼しい気候を利用した農業は **抑制栽培** といいます。
夏には出荷しにくい，はくさいやキャベツ，レタスなどを栽培する

(3) 日本の畜産が盛んな地域は，**鹿児島県** や宮崎県などです。

[新潟県　沖縄県　促成栽培　抑制栽培　高知県　鹿児島県]

2 次の①〜③は，日本の農業に関する説明です。あとの問いに答えなさい。

① 稲作の盛んな東北地方や新潟県では，コシヒカリやあきたこまちなどの産地録され，優れた性質を持つ品種が多く栽培されています。
② 冬でも温暖な宮崎平野や高知平野では，夏の野菜を冬から春にかけて出荷します。促成栽培ではビニールハウスを用いる。
③ 千葉県や茨城県など大都市の周辺では，新鮮な野菜を出荷する農業が盛んで

(4) ②・③の農業をそれぞれ何といいますか。次からそれぞれ選びなさい。

② **促成栽培**　③ **近郊農業**

[抑制栽培　促成栽培　近郊農業　混合農業]

(5) ①の下線部について，このような米を何といいますか。次から選びなさい。
[品質米　銘柄米　特殊米]　**銘柄米**
ブランド米ともよばれる

(6) 青森県，長野県などで栽培の盛んな果樹は，りんごとみかんのどちらですか。
みかんは和歌山県，愛媛県，静岡県などで栽培が盛ん。　**りんご**

まとめのテスト　3 日本の特色と地域のようす
→本冊 p.66

1 (1) 環太平洋造山帯
(2) 扇状地　(3) ウ
(4) リアス海岸　(5) イ

解説 (1) 活発な火山も多く見られ，地震などの災害も起きやすい地域。
(3) 水はけがよく，傾斜があるので，水田には向かないが，果樹園には適している。
(5) 東北地方の三陸海岸である。ほかに近畿地方の志摩半島，若狭湾なども有名。

2 (1) 内陸の気候
(2) グラフ1　E　　グラフ2　B
(3) ①C　②A

解説 (1) 標高の高い内陸では，夏と冬の気温差が大きく，降水量が少ない。
(2) 降水量に注目すると，グラフ1は瀬戸内の気候，グラフ2は日本海側の気候である。
(3) ①は太平洋側の気候，②は北海道の気候の説明である。

3 (1) 人口ピラミッド
(2) ア
(3) （グラフ）2
(4) 少子高齢社会

解説 (2) イのつりがね型はグラフ3，ウのつぼ型にラフ2である。
(3) グラフは古い順に，グラフ1→グラフ3→ラフ2となる。

4 (1) 写真1　火力発電
写真2　風力発電
(2) ア，ウ　(3) 地球温暖化

解説 (1) 写真1は煙突があり，沿岸部にあることか燃料を燃やして発電を行う火力発電とわかる
(2) サウジアラビアとアラブ首長国連邦は西アアの国。日本は石油の輸入の多くを西アジ国による。
(3) 地球温暖化は二酸化炭素など，排出され室効果ガスにより引き起こされるとされてい

10

㉖ 日本の工業

次の□□□にあてはまる語句をあとから選びなさい。

日本の重工業は特に高度経済成長のころに □加工貿易□ で大きく
発達しました。

戦前の日本は，せんいなどの軽工業が盛んだった。

中京工業地帯は，豊田市などで生産される □自動車□ の出荷割合が大き
いのが特色です。

日本企業の工場が海外に移転しているため，産業の □空洞化□ という問
題が起こっています。

人件費の安い中国や東南アジアに生産拠点を移す企業が増えている。

[加工貿易　産業革命　鉄鋼　自動車　多国籍化　空洞化]

右の地図を見て，次の問いに答えなさい。

地図中のAは，日本最大の工業地帯・地域です。
この工業地帯・地域の名前を答えなさい。

□中京工業地帯□

地図中のBは，日本の臨海型の工業地域が帯状に
連なったものです。これを何といいますか。

□太平洋ベルト□

次の①・②にあてはまる工業地帯・地域を，地図
中から選んで答えなさい。

① 東京，川崎市，横浜市などの東京湾沿岸に連なった工業地帯・地域です。

□京浜工業地帯□

② 埼玉県，群馬県，栃木県などの内陸部に工業団地が進出して形成された工業地帯・
地域です。高速道路沿いの工業団地に，機械工業の工場が進出している。

□北関東工業地域□

㉗ 貿易・運輸とインターネット
→本冊 p.73

① 次の□□□にあてはまる語句をあとから選びなさい。

(1) 航空機による輸送では，軽量で高額な □精密機械□ などが運ばれます。

(2) 1990年代に □インターネット□ が普及し，大量の情報を瞬時に伝える
ことができるようになりました。　インターネットは，1990年代後半から普
及していった。

(3) (2)は，□スマートフォン□ やタブレットなどでも広く利用されています。

[精密機械　自動車　インターネット　スマートフォン]

② 次の①〜③は，さまざまな運輸・貿易に関する説明です。あとの問いに答えなさい。

① 自動車や石油，鉄鉱石などの資源は，海外との貿易に □船舶□ が使
われます。
船舶は，航空機ほど速く運ぶことはできないが，安価に大量のものを運べる。

② コンピューターの部品や精密機械は，海外との貿易に □航空機□ が使
われます。

③ 日本の高速交通網は，1964年の東京オリンピック以降に発達しました。

(4) ①・②の□□□にあてはまる輸送手段を，次からそれぞれ選びなさい。
[船舶　航空機　自動車]

(5) 大都市圏での通勤・通学などの短い距離の移動では，バスや自動車のほか，どのよ
うな交通手段が利用されますか。

□鉄道□

(6) ③の下線部について，1964年に東京・新大阪間で開通した鉄道を何といいますか。

□(東海道)新幹線□

とめのテスト　3 日本の特色と地域のようす
→本冊 p.74

(1) 近郊農業　(2) C

(3) 促成栽培

(4) イ，ウ

解説 (1) 消費者が多い大都市に鮮度のよい農作物を届
けられる強みがある。
(2) Cの千葉県は東京に近く，近郊農業が盛ん。
(4) 長野県や群馬県では，抑制栽培が盛んで，高
原の涼しい気候を利用して，夏にほかの産地か
らの出荷が少ない野菜を出荷している。

(1) 米

(2) Aエ　Bイ　Cア

(3) 銘柄米(ブランド米)

解説 (1) このほか，米は東北地方でも生産が盛ん。
(2) A宮崎県・鹿児島県では，畜産物の生産が盛
ん。B愛媛県・和歌山県・静岡県は温暖な気候
を生かし，みかんの生産が盛ん。C長野県・山
形県・青森県ではりんごの生産が盛ん。
(3) 品種改良によってつくられている。

3 (1) A中京工業地帯
B北関東工業地域

(2) 高度経済成長

(3) 太平洋ベルト

(4) イ

解説 (1) A愛知県・三重県を中心とした地域で，自動
車工業が盛ん。B輸送に便利な高速道路に近い
地域に工業団地がある。

(4) 日本企業が，人件費の安い海外に工場を移し
たため，国内の産業が衰えるという問題である。

4 (1) ア　(2) ウ

(3) インターネット

(4) ア

解説 (1) 小型で軽量なものが航空機での輸送に適して
いる。イ・ウは重量があり，主に船舶で輸送さ
れている。

(4) 高速交通網は，どちらかというと人口の多い
都市と都市をつないでいる。

28 九州地方の都市・自然

→本冊 p.79

1 次の□□にあてはまる語句をあとから選びなさい。

(1) 九州地方の政令指定都市は、福岡市と北九州市と □熊本市□ です。

(2) 自然が豊かな屋久島は、□世界遺産□ に登録されています。

(3) 九州地方で県名と県庁所在地名が異なるのは、沖縄県の □那覇市□ です。

[熊本市 長崎市 世界遺産 国宝 名護市 那覇市]

九州地方の世界遺産には、「琉球王国のグスク及び関連遺産群」もある。

2 右の地図を見て、次の問いに答えなさい。

(4) Aは九州地方の中心都市です。この都市名を答えなさい。 □福岡市□

福岡県の県庁所在地。

(5) Bの島は縄文杉などの豊かな自然で知られ、世界遺産にも登録されています。この島を次から1つ選びなさい。 □屋久島□

[種子島 対馬 屋久島 与那国島]

(6) 地図中の▲について、次の文の空欄にあてはまる語句をあとから選びなさい。

・▲は、九州地方の主な □火山□ の分布を示しています。

なかでもあの阿蘇山は、世界最大の □カルデラ□ をもつものとして知られています。⑩は雲仙普賢岳、⑨は桜島。

[火山 氷山 扇状地 カルデラ]

---

29 九州地方の産業

→本冊 p.

1 次の□□にあてはまる語句をあとから選びなさい。

(1) 北九州工業地域は明治時代以来、□鉄鋼業□ で栄えました。

(2) 九州には先進的なリサイクルの技術や □環境□ 保全の取り組みか

コタウンに認定されている都市があります。
北九州市(福岡県)や水俣市(熊本県)。

(3) 観光業が盛んな沖縄県は、一方でアメリカ軍の □基地□ の問題を
えています。
戦後から1972年に日本に復帰するまで、アメリカ軍の軍政下にあっ

[機械工業 鉄鋼業 環境 公害 化学 領土 基地]

2 右の地図を見て、次の問いに答えなさい。

(4) 地図中のAについて、次の文の□□にあてはまる語句を、あとからそれぞれ選びなさい。

・Aは □シラス□ とよばれる火
山灰土による台地です。この地域では、畑作のほ

か □畜産業□ が盛んです。

[カルデラ シラス 果樹栽培 畜産業]
カルデラは阿蘇山に見られる大きなくぼ地。

(5) 野菜の促成栽培がさかんな地図中Bの平野名を答えなさい。 □宮崎平野□

(6) 地図中Cの北九州には、明治時代に製鉄所がつくられて以来、鉄鋼業が栄えま
この製鉄所の名前を答えなさい。 □(官営)八幡製鉄□
北九州工業地帯とよばれた。

---

30 中国・四国地方の都市・自然

→本冊 p.83

1 次の□□にあてはまる語句をあとから選びなさい。

(1) 中国・四国地方を大きく3つに分けたとき、日本海側は □山陰□ とよばれます。
日本海側の気候なので、冬に雪が多い。

(2) 瀬戸内の気候に属する香川県の讃岐平野では、水不足に備え □ため池□ が多くつくられました。
香川県は、日本で最も面積が小さい県としても知られる。

(3) 中国・四国地方で県名と県庁所在地が異なるのは、島根県の松江市、香川県の高松

市と、愛媛県の □松山市□ です。

[山陰 瀬戸内 ダム ため池 今治市 松山市]

2 右の地図を見て、次の問いに答えなさい。

(4) 地図中の赤字で示した3つの地域のうち、年間を通して降水量が少ないのはどれですか。1つ選びなさい。 □瀬戸内□

南四国は、夏の降水量が多い。

(5) 地図中のAは、中国・四国地方の中心都市です。この都市名を答えなさい。 □広島市□

(6) 地図中B・Cは、それぞれ島根県と香川県の県庁所在地を示しています。それぞれの都市名を次から選びなさい。
[高松市 松山市 松山市 松本市]
B □松江市□ C □高松市□

---

31 中国・四国地方の産業

→本冊 p.

1 次の□□にあてはまる語句をあとから選びなさい。

(1) □瀬戸内□ 工業地域では、倉敷市の石油化学工業や広島県の自動車

などに特色があります。鉄鋼業や造船業も盛ん。

(2) 高知平野では、温暖な気候を利用した □促成栽培□ が盛んです。

(3) □鳥取□ 平野では、砂丘地でらっきょうが栽培されています。
日本なしの栽培も盛ん。

[山陰 瀬戸内 抑制栽培 促成栽培 鳥取 讃岐]

2 右の地図を見て、次の問いに答えなさい。
Aはしまなみ海道、Cは明石海峡大橋。

(4) 地図中のA～Cは、本州四国連絡橋を示しています。これらの連絡橋のうち、Bの名前を次から選びなさい。

□瀬戸大橋□

[明石海峡大橋 瀬戸大橋
しまなみ海道]

(5) 地図中のDの都市では、石油化学コンビナートが発達し、瀬戸内工業地域の中
1つとなっています。この都市名を答えなさい。 □倉敷市□

(6) 次の□□にあてはまる語句を、それぞれ答えなさい。

・地図中の瀬戸内地域には人口が集中していますが、山陰や □南四国□

はとくに若い人口が流出しており、□過疎□ 問題が深刻化してい

(1)　A 福岡県（ふくおか）　　B 大分県（おおいた）
(2)　C 宮崎市（みやざき）　　D 那覇市（なは）
(3)　ア

説　(2)　九州地方で県名と県庁所在地名が異なるのは，Dの沖縄県那覇市（おきなわ）のみである。
　　(3)　イは雲仙普賢岳（うんぜんふげんだけ），ウは桜島（さくらじま）である。

(1)　ウ
(2)　B エ　　C イ
(3)　アメリカ〔アメリカ合衆国（がっしゅうこく）〕
(4)　エ

説　(1)　明治時代（めいじ）に官営の八幡製鉄所（かんえい）（やはたせいてつしょ）が建設され，以後，日本の鉄鋼業の中心地となった。
　　(2)　ウは沖縄県に関する説明。
　　(4)　アは対馬（つしま），イは五島列島（ごとう），ウは屋久島（やくしま）のとなりにある種子島（たねがしま）。

3　(1)　A 島根県（しまね）　　B 徳島県（とくしま）
　　(2)　C 広島市（ひろしま）　　D 松山市（まつやま）
　　(3)　イ

解説　(2)　中国・四国地方で県名と県庁所在地名が異なるのは，Dの愛媛県松山市（えひめ）（まつえ）のほかに島根県松江市，香川県高松市（かがわ）（たかまつ）がある。
　　(3)　アは砂丘で有名な鳥取平野（とっとり），ウは促成栽培（そくせいさいばい）が行われる高知平野（こうち）。

4　(1)　イ
　　(2)　B イ　　C エ
　　(3)　過疎（かそ）（問題）　　(4)　ア

解説　(1)　倉敷市（くらしき）の水島地区（みずしま）には大規模な石油化学コンビナート（だいきぼ）がつくられている。
　　(3)　これらの地域では，若者が都市部に流出し，高齢化（こうれいか）がいちじるしい。
　　(4)　イは瀬戸大橋（せとおおはし），ウは本州と淡路島を結ぶ明石海峡大橋（あかし）（かいきょう）と淡路島と四国を結ぶ大鳴門橋（おおなると）（きょう）。

---

32 近畿地方の都市・自然
→本冊 p.89

次の□□□にあてはまる語句をあとから選びなさい。

京都や奈良の多くの文化財は，　世界遺産　や国宝となっています。

京都市,大阪市,神戸市を中心に　京阪神　大都市圏が形成されています。

琵琶湖のある　滋賀県　の県庁所在地は，大津市です。
　　　　三重県の県庁所在地は，津市。

〔　世界遺産　ラムサール条約　近畿　京阪神　三重県　滋賀県　〕
都市は，古代の平安京の区割りが，そのまま町なみに残っている。
右の地図を見て，次の問いに答えなさい。

地図中のA〜Cは，京阪神大都市圏の中心なる3つの都市です。これらのうち，府県と府県庁所在地名が異なるものを1つ選ん都市名を答えなさい。

神戸市

地図中のDの都市は，京都市と並んで古都町なみや文化財を多く残しています。この市名を答えなさい。

奈良市

地図中のEの湖について，次の□□□にあてはまる語句を，あとから選びなさい。

Eは　琵琶湖　で，日本最大の湖です。この湖は近畿地方の多くの人々
の生活用水の水源となっているため，「京阪神の　水がめ　」とよばれ
悪化した琵琶湖の水質の改善のため，
ます。りんを含む合成洗剤を禁止する条例が制定された。

〔　琵琶湖　浜名湖（はまな）　ため池　水がめ　〕

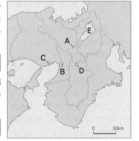

---

33 近畿地方の産業
→本冊 p.91

1　次の□□□にあてはまる語句をあとから選びなさい。

(1)　京都の西陣織や清水焼，奈良の筆や墨など，近畿地方では　伝統的工芸
品が現在も受けつがれています。
古代から都として多くの人口を持っていたため，産業が発達した。

(2)　大阪湾の臨海部などを中心に発達した工業地帯を　阪神　工業地帯といいます。

(3)　紀伊山地では　林業　が盛んです。
紀伊山地は温暖で降水量が多いため，木の生長が速い。

〔　機械工業　伝統的工芸　阪神　瀬戸内　林業　焼畑　〕

2　右の地図を見て，次の問いに答えなさい。

(4)　地図中の■は，1960年以降，都市部の住宅地の不足を補うためにつくられたまちです。このような地域を何といいますか。

ニュータウン

(5)　地図中Aの都市について，次の□□□にあてはまる語句をあとから選びなさい。

・A　東大阪市　で，阪
神工業地帯を代表する工業都市です。ここ
には，日本の工業を支える　中小工場　が多く集まっています。
高度な技術を持つ中小工場も少なくない。
〔　堺市　東大阪市　中小工場　コンビナート　〕

(6)　すぎやひのきを生産する林業が盛んな，地図中のBの山地名を答えなさい。

紀伊山地

34 中部地方の都市・自然

→本冊 p.93

1 次の□にあてはまる語句をあとから選びなさい。

(1) 中部地方の中でも，**日本海** に面した地域を北陸といいます。

(2) **中央高地** には，日本アルプスとよばれるけわしい山々が連なっています。

(3) 静岡県には静岡市と **浜松市** の2つの政令指定都市があります。

［ 日本海　太平洋　東海　中央高地　富士市　浜松市 ］

中部地方の政令指定都市は，新潟市，静岡市，浜松市，名古屋市。

2 右の地図を見て，次の問いに答えなさい。

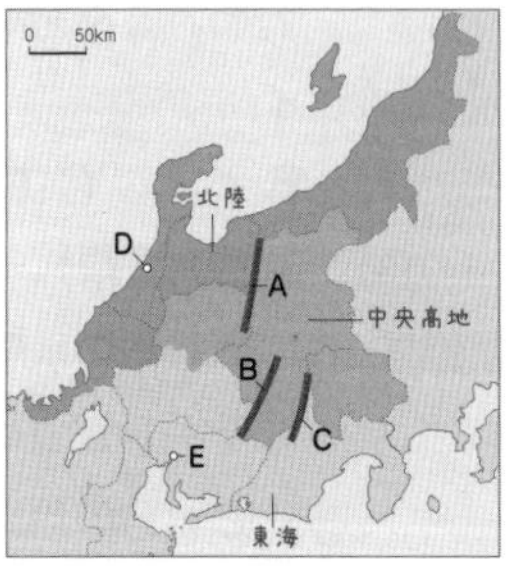

(4) 地図中のA～Cは，日本アルプスとよばれる3つの山脈の集まりです。これらのうち，Aの山脈名を次から1つ選びなさい。

飛驒山脈

［ 飛驒山脈　木曽山脈　赤石山脈 ］

Bは木曽山脈，Cは赤石山脈。

(5) 地図中のD（石川県の県庁所在地）とE（愛知県の県庁所在地）の都市名をそれぞれ答えなさい。

D **金沢市**

E **名古屋市**

(6) 地図中に赤字で示した3つの地域のうち，冬に大量の雪が降るのはどれですか。1つ選びなさい。 **北陸**

東海は夏に降水量の多い太平洋側の気候。
内陸の中央高地は年間を通して降水量が少ない。

35 中部地方の産業

→本冊 p.

1 次の□にあてはまる語句をあとから選びなさい。

(1) 静岡県では，茶や **みかん** の栽培が盛んです。りんごは長野県

(2) 中央高地の高原では，野菜の **抑制栽培** が盛んです。

(3) 北陸は，日本を代表する **稲作** 地帯です。新潟県は日本有数米どころ。

［ りんご　みかん　促成栽培　抑制栽培　稲作　酪農 ］

2 次の①～③は，中部地方の工業についての説明です。あとの問いに答えなさい。

トヨタ自動車の社名に由来。

① 中京工業地帯の自動車工業の中心地は，**豊田市** です。

② 静岡県では，浜松市でオートバイや楽器の製造，富士市で紙・パルプ工業が盛んです。ピアノやオートバイで有名な，ヤマハの本拠地。

③ 中央高地の諏訪盆地では，**精密機械工業** が発達しました。
時計の生産など。
はコンピューター産業も盛んです。また，北陸では，燕市の洋食器など，**地場産業** が盛んです。
福井県鯖江市の眼鏡のフレームも有名。

(4) ①の□にあてはまる都市名を答えなさい。

(5) ②について，この文で説明している静岡県の工業地域を何といいますか。

東海工業地域

(6) ③の□にあてはまる語句を，次からそれぞれ選びなさい。

［ 鉄鋼業　精密機械工業　地場産業　ハイテク産業 ］

36 関東地方の都市・自然

→本冊 p.97

1 次の□にあてはまる語句をあとから選びなさい。

(1) 関東平野を流れる日本最大の流域面積をもつ河川は，**利根川** です。

最長の河川は，長野県と新潟県を流れる信濃川。

(2) 関東地方には，県名と県庁所在地名が異なる県が多いです。栃木県の県庁所在地は **宇都宮市** です。水戸市は，茨城県の県庁所在地。

(3) また，群馬県の県庁所在地は **前橋市** です。

［ 利根川　多摩川　水戸市　宇都宮市　前橋市　横浜市 ］

2 右の地図を見て，次の問いに答えなさい。

(4) 地図中のAの平野は，日本最大の面積を持つ平野です。この平野名を答えなさい。

関東平野

(5) 地図中のBの都市について，次の□にあてはまる語句をあとから選びなさい。

・Bは神奈川県の県庁所在地の **横浜市** です。Bは周辺のほかの都市とともに，**東京** 大都市圏を形成しています。

神奈川県では，横浜市のほかに，川崎市と相模原市が政令指定都市。

［ 川崎市　横浜市　関東　東京 ］

(6) 周辺の都市から東京に通勤・通学する人々で，朝夕の電車が混雑することを何といいますか。

通勤ラッシュ

37 関東地方の産業

→本冊 p

1 次の□にあてはまる語句をあとから選びなさい。

(1) **京浜** 工業地帯は，印刷業の出荷割合が大きい点に特色があり
出版社や新聞社が多いため。

(2) 市原市など，千葉県の東京湾岸を中心とする工業地域を **京葉** 地域といいます。
石油化学工業や鉄鋼業が盛ん。

(3) 関東地方で盛んな，大消費地に新鮮な野菜を出荷する農業を **近郊農業** といいます。
朝とれた野菜を，その日のうちに店に並べることができる。

［ 京葉　京浜　北関東　促成栽培　近郊農業 ］

2 次の①～③は，関東地方の工業についての説明です。あとの問いに答えなさい。

① 東京に出版社や新聞社が多いため，京浜工業地帯は **印刷業** の出荷額がほかの工業地帯よりも多いです。

② 京葉工業地域では，市原市などを中心に，石油化学工業や鉄鋼業が盛んです。

③ 近年は，栃木県，群馬県，埼玉県などの内陸部での工業出荷額が増えていま
高速道路のインターチェンジ付近に，工業団地がつくられている。

(4) ①の空欄にあてはまる語句を，次から1つ選びなさい。

［ コンピューター産業　印刷業　製紙・パルプ工業 ］

(5) ②の下線部について，市原市などにある石油タンクや工場などがいくつも結びついた施設を何といいますか。カタカナで答えなさい。 **コンビナート**

(6) ③について，次の□にあてはまる語句をあとからそれぞれ選びなさい。

・③の工業地域を **北関東** 工業地域といいます。この工業地域は，道路沿いにつくられた **工業団地** が広い範囲に点在しています。

［ 南関東　北関東　工業団地　ショッピングセンター ］

とめのテスト 4 日本のさまざまな地域
⊃ 本冊 p.100

(1) A 和歌山県（わかやま）　B 福井県（ふくい）
　　C 茨城県（いばらき）
(2) D 大津市（おおつ）　E 甲府市（こうふ）
　　F 宇都宮市（うつのみや）

説 (2) 近畿地方（きんき）で県名と県庁所在地が異なるのはD
　　の滋賀県大津市のほか三重県津市，兵庫県神戸（こうべ）
　　市。中部地方ではEの山梨県甲府市（やまなし）のほか石川
　　県金沢市（いしかわ）（かなざわ），愛知県名古屋市（あいち）（なごや）。関東地方ではFの
　　栃木県宇都宮市（とちぎ）のほか茨城県水戸市（みと），群馬県前（ぐんま）（まえ）
　　橋市（ばし），埼玉県さいたま市，神奈川県横浜市（かながわ）（よこはま）。

(1) 琵琶湖（びわこ）　(2) ウ
(3) 紀伊山地（きい）
(4) 京阪神大都市圏〔大阪大都市圏〕（けいはんしんだいとしけん）（おおさか）

説 (1) 「京阪神の水がめ」として，近畿地方に多く
　　の生活用水を供給している。
　　(2) アは大阪市，イは京都市に関する説明。
　　(3) 紀伊山地では林業も盛んである。

3 (1) ア
(2) B イ　C ウ
(3) 浜松市（はままつ）
(4) イ

解説 (1) イは中京工業地帯（ちゅうきょう），ウは北陸工業地域（ほくりく）の説明。
　　(2) Bは越後平野（えちご），Cは甲府盆地（ぼんち）である。アは静（し）
　　岡県（おか），エは長野県（なが）の高原で行われている。
　　(3) 中部地方ではこれらの3都市以外に，新潟市（にいがた）
　　が政令指定都市である。
　　(4) アは飛驒山脈（ひだ），ウは赤石山脈（あかいし）。

4 (1) ウ
(2) B ア　C エ
(3) 利根川（とね）
(4) イ

解説 (2) Bは京葉工業地域（けいよう），Cは北関東工業地域。
　　(4) アは千葉市（ちば），ウは横浜市である。

㊳ 東北地方の都市・自然
⊃ 本冊 p.103

次の ◻ にあてはまる語句をあとから選びなさい。

東北地方の太平洋側は，夏にふく ◻ **やませ** ◻ という北東の風のために，
害が起こることがあります。
　　　　　　やませがふく季節は，稲の生育期にあたる。

青森県と秋田県にまたがる ◻ **白神山地** ◻ のぶなの原生林は，世界遺産に登
されています。
　　東北地方の世界遺産には，他に平泉などがある。

岩手県の県庁所在地は ◻ **盛岡市** ◻ です。

[やませ　ねぶた　奥羽山脈　白神山地　盛岡市　仙台市]

ちの地図を見て，次の問いに答えなさい。

地図中のAの都市は，宮城県の県庁所在地で，東北地
の中心都市です。この都市名を答えなさい。
◻ **仙台市** ◻

地図中のBの山脈名を，次から1つ選びなさい。
◻ **奥羽山脈** ◻

[奥羽山脈　飛驒山脈（ひだ）　赤石山脈]

地図中のCの海岸について，次の ◻ にあてはまる
句をあとから選びなさい。

Cは ◻ **三陸海岸** ◻ といい，日本を代表するリアス海岸です。この地形は漁

港や養殖業（ようしょく）に向いています。2011年の東日本大震災では，◻ **津波** ◻ で
リアス海岸は，津波の被害が大きくなりやすい。

きな被害を受けました。

[若狭湾（わかさわん）　三陸海岸　津波　がけくずれ]

㊴ 東北地方の産業
⊃ 本冊 p.105

❶ 次の ◻ にあてはまる語句をあとから選びなさい。

(1) 東北地方では，かつて雪に閉ざされる冬に，関東などへ ◻ **出かせぎ** ◻ に行
きました。

(2) ◻ **青森県** ◻ は，日本一のりんごの産地です。
　　　　山形県は，青森県・長野県についで第3位。

(3) 東北地方の高速道路沿いには，◻ **工業団地** ◻ がつくられ，機械工業や半導
体などの工場が進出しています。
　　東北自動車道と東北新幹線を主軸に，高速交通網が整備された。

[出かせぎ　内職　青森県　山形県　コンビナート　工業団地]

❷ 次の①～③は，東北地方の産業についての説明です。あとの問いに答えなさい。

① 東北地方では ◻ **品種改良** ◻ の結果，味の良い銘柄米が作られています。

② 東北地方では，果樹栽培も盛んです。
　　福島はももの産地として知られる。

③ 東北地方では，雪で農業ができない冬の副業として，家
具や漆器，鉄器などの工芸品が作られてきました。

(4) ①の ◻ にあてはまる語句を答えなさい。
(5) ②の下線部について，右のA・Bのグラフはそれぞれある
果物の県別生産割合を表しています。それぞれにあてはまる
果物を次から選びなさい。

[りんご　みかん　もも　さくらんぼ]

A ◻ **りんご** ◻　B ◻ **さくらんぼ** ◻

(6) ③の下線部について，このような工芸品を何といいますか。
◻ **伝統的工芸品** ◻

A
その他
16.7
山形
6.4
長野
20.3
735.2
千
青森
56.6%

B
山梨
6.1 10.0
北海道
8.0
その他
19.1
千
山形
75.9%

(2017年)
(2019/20年版「日本国勢図会」ほか)

1 次の□□□にあてはまる語句をあとから選びなさい。

(1) 北海道の道庁所在地は，| 札幌市 | です。

(2) (1)の都市から約45km離れたところにある | 新千歳 | 空港は，北海道の
航空交通の拠点です。
東京の羽田空港と新千歳空港を結ぶ路線は，世界でも旅客数が多い。

(3) 北海道東部の釧路港や根室港は，かつて | 北洋 | 漁業の基地として栄
えました。
各国が排他的経済水域を設定したため，北洋漁業はふるわなくなった。

[稚内市 札幌市 函館 新千歳 北洋 近海]

2 右の地図を見て，次の問いに答えなさい。

(4) 地図中のAの半島は，その自然が世界遺産に
登録されています。この半島名を答えなさい。

| 知床(半島) |

(5) 地図中のBとCの平野で行われている農業に
ついて，次の文の空欄にあてはまる語句をあと
から選びなさい。
・Bの石狩平野や上川盆地では，| 稲作 | が行われています。一方で，

Cの | 十勝平野 | では大規模な畑作が行われています。
酪農が盛んなのは，十勝
平野や根釧台地など。

[稲作 酪農 十勝平野 根釧台地]

(6) 地図中の札幌や稚内にあるように，北海道の地名の多くはその先住民の言葉に由来
します。この先住民の名前を答えなさい。

| アイヌの人々 |

---

1 次の□□□にあてはまる語句をあとから選びなさい。

(1) 実際の1kmの距離は，2万5千分の1地形図上では | 4cm | に
ます。

(2) 地図図上の同じ高さの地点を結んだ線を | 等高線 | といいます。

(3) ⛩ の地図記号は | 博物館 | を表しています。
図書館の地図記号は，本の形…

[2cm 4cm 等高線 境界線 図書館 博物館]

2 右の地図図(2万5千分の1)を見て，次の問いに答えなさい。
等高線上の「200m」「250m」という値から数えてみるとよい。

(4) 地図図中のA山の頂上の標高
はおよそ何メートルですか。

| 280m |

(5) 地図図中のBの建物と，Cの
土地利用はそれぞれ何を表して
いますか。次から選びなさい。

[寺院 消防署
水田 果樹園]

B | 寺院 | C | 水田 |

(6) 地図図中のBとCとの間は，3cm離れています。実際のB-C間の距離を次
1つ選びなさい。
2万5千分の1であるから，1cmが250m | 750m |
になる。

[300m 750m 1500m]

まとめのテスト 4 日本のさまざまな地域
→本冊 p.110

1 (1) A秋田県 B福島県
(2) C札幌市 D盛岡市
(3) ウ

解説 (2) Cの札幌市はアイヌ語の地名を語源とする。
東北地方で県名と県庁所在地名が異なるのは，
Dの岩手県盛岡市のほかに宮城県仙台市がある。
(3) アは知床，イは白神山地で，ともに世界遺産
である。

2 (1) ウ (2) イ，エ(順不同)
(3) リアス海岸
(4) ア

解説 (1) アのみかんは温暖な地方で栽培される。イの
りんごの日本一の生産量は青森県。
(2) ア工業団地が進出したため，冬に出かせぎに
行く人は減った。ウは中京工業地帯の説明。
(4) 東北地方の太平洋側に吹く冷たい北東の風で
ある。

3 (1) イ
(2) Cエ Dア
(3) アイヌの人々 (4) イ

解説 (1) Aが根室港，Bが釧路港である。イの焼津
は静岡県にある。
(2) イは根釧台地，ウは九州南部についての説
(4) 新千歳空港は，札幌市の南東約45kmの
ろにある。アは旭川空港，ウは函館空港。

4 (1) イ (2) Aエ Bア
(3) ①等高線 ②D

解説 (1) 1km＝1000m＝10万cm。10万cmを4
に縮めるということだから，縮尺の分母
100000÷4で2万5千分の1となる。
(2) イの老人ホームは⛪，ウの市役所は◎
ある。
(3) ②等高線の間隔がせまいほうが斜面の傾
急になる。

0 9 8 7 6 5 4 3
D C B A